Fred Bossie

Zaubern lernen mit Kindern

Das Beschäftigungsbuch für Kinder
von fünf bis zwölf Jahren

SÜDWEST

Inhalt

Vorwort 4

Liebe Zauberfreunde 6

Gesetze für Zauberer 6

Leicht, aber oho 8

Die Eimer sind nicht dicht 10

Das geheimnisvolle Frühstücksei 12

Das Ringlein tanzt am Besen 13

Vorsicht bei Gläsern 14

Tante Rosis Kaffeerunde 16

Die Geschichte von den
Büroklammern 18

Freche Zauberstreiche 20

Ins Schwarze getroffen 22

Freddy, das Gedächtniswunder 24

Die Hosentaschenlotterie 26

Mensch, ärgere dich nicht 28

Übersinnliche Fähigkeiten 31

Psychotest mit Onkel Gustl 33

Die verrückte Flasche 35

Zaubereien
für geschickte Finger 36

Das Markstück aus dem Apfel 38

Der Streit um die Zahnstocher 40

Onkel Gustls
wundersamer Zylinderhut 42

Freddy fummelt im Dunkeln 44

Zaubereien
mit Kordel und Strick 46

Tante Rosi
und die Wäscheleine 48

Onkel Gustl und der Birnbaum 50

Der Einhandknoten 53

Freddy, der Supercowboy 54

Das verhunzte Schuhband 56

Zaubern mit Spielkarten 58

Vier Asse 60

Gerade und ungerade 61

Freddy, das Superhirn 62

Die magische Sieben 63

Die wievielte Karte soll es sein? 64

Eine wilde Nacht im Zoo 65

Die schöne Spionin 67

Hexereien mit Zahlen 70

Onkel Gustl denkt sich eine Zahl 72

Ich kenne dein Alter 73

Der Zauberer gewinnt immer 73

Deine Lieblingszahl heißt ... 74

Wo steckt die gerade Menge? 75

Großes Zaubern für Bastler 76

Der Luftballon mit Platzgarantie 78

Das Pingpongmirakel 79

Das verschwundene Wasser 80

Freddy und die zersägte Jungfrau 82

Ist Onkel Gustl farbenblind? 84

Die todsichere Tombola 86

Die unmöglichen Zündholzschachteln 88

Freddys Super-Magic-Waschmaschine 91

Wenn zwei das Gleiche tun ... 93

Über dieses Buch 95

Register 96

Vorwort

Wer hat sie nicht in der Kindheit erlebt, diese Momente, wenn man vor die Klasse hintreten und ein Gedicht aufsagen oder ein Lied vorsingen musste! 30 Augenpaare waren auf einen gerichtet, und 30 Mitschüler erwarteten etwas. Da flatterten Schmetterlinge im Bauch, und die Stimme wurde ganz dünn, und die Angst war groß. Und immer wieder gab es einen aus der Klasse, der sich da vorn hinstellte, zu erzählen anfing und uns alle verzaubern konnte.

Wir hingen an seinen Lippen und vergaßen die Welt ringsumher, hörten längst bekannte Geschichten wie zum ersten Mal, sahen die Wälder und Berge, und die Helden schienen vor uns zu stehen und mit uns zu reden. Im späteren Leben begegnet man ihnen dann wieder, diesen »Zauberern«. Jetzt führen sie das Wort in Konferenzen und Versammlungen, und sie präsentieren ihre Ideen auch hier so, dass sie die anderen überzeugen und jede Menge Unterstützung erhalten.

Wie machen sie das? Mit welchen Tricks arbeiten sie? Es sind ganz einfache Tricks: gute Vorbereitung, genaue Kenntnis der Sache und das Wissen darum, was die Zuschauer oder Zuhörer am meisten interessiert. Und: Übung, Übung, Übung.

Nichts ist in unserer heutigen Zeit mit ihren steigenden Anforderungen an soziale und kommunikative Fähigkeiten wichtiger für die eigene Zufriedenheit, als seine Überzeugungen selbstbewusst vertreten zu können. Und was hier noch etwas theoretisch klingt, kann man spielend erlernen, und zwar schon von Kindesbeinen an.

Das Medium Zaubern ist ein ungewöhnlicher Weg sowohl für Kinder als auch für Erwachsene, um den Herausforderungen des Lebens kreativ begegnen zu können.

Mit diesem Buch können Sie, liebe Eltern, Ihre Kinder dabei unterstützen, auf die vergnüglichste Art und Weise das zu lernen, was sie später brauchen, um als Persönlichkeit richtig wahrgenommen zu werden: ein Publikum mit Zaubertricks begeistern. Da wandern Frühstückseier über den Tisch, Markstücke verschwinden und tauchen wieder auf …

Die Spielkameraden sind verblüfft, Familienfeiern nie mehr langweilig, und sogar Papas schlechte Laune verfliegt nach ein paar Kunststücken. Die kleinen Zauberer sind stolz auf ihre Leistung, werden immer mutiger und kreativer und gehen mit der Zeit ganz ungezwungen mit der Situation, sich vor anderen darzustellen, um.

Wer Zauberkunststücke lernt und einübt, kann diesen Vorgang ohne weiteres auf die Arbeit in der Schule übertragen.

Kinder wachsen über sich hinaus

Kinder durch Zauberspiele ganzheitlich fördern ist das Ziel eines Projekts, das Fred Bossie, der Autor dieses Buches, in Zusammenarbeit mit Pädagogen und Hochschuldozenten entwickelt hat. Er ist Zauberkünstler und Zauberpädagoge und leitet seit Jahren in Ulm eine Zauberschule für Kinder und Erwachsene.

Ganz speziell für Kinder im Lesealter hat er diese Zaubertricks zusammengestellt, die sie selbständig erarbeiten können. Gleichzeitig werden Anregungen gegeben, wie das Repertoire einer kleinen Zauberschau aussehen könnte. Wundern Sie sich nicht über Ihren vielleicht ehemals schüchternen Sprössling, wie er Zuschauer in Bann zieht, wie er Unerhörtes vor Ihren Augen vollbringt, wie er die Vorstellung ganz souverän im Griff hat. Grund zur Besorgnis besteht erst, wenn er Sie in ein Kaninchen verwandelt hat und die Zauberformel nicht mehr findet.

Viel Vergnügen!

Liebe Zauberfreunde

Es war einmal ein kleiner Junge, der hieß Freddy. Er hatte eine Tante Rosi und einen Onkel Gustl, bei denen er jeden Sommer seine Ferien verbrachte.

Freddy war genau wie alle anderen Kinder, aber er hatte eine besondere Leidenschaft: Er war ein richtiger Schlingel, der den Leuten andauernd Streiche spielen musste. Auch dem Onkel und der Tante.

Ihr könnt euch vorstellen, dass die Sommerferien bei Tante Rosi und Onkel Gustl nie langweilig wurden. Ganz toll wurde es, als Freddy auf dem Dachboden ein Zauberbuch fand und damit das Zaubern lernte. Jetzt konnte er die Tante und den Onkel mit seinen Zauberstreichen überraschen. Zuerst waren sie erschrocken, dann fanden sie großes Vergnügen daran.

In diesem Buch erzählt Freddy von seinen Zauberstreichen damals mit Onkel Gustl und Tante Rosi und erklärt auch, wie er das damals angestellt hat. Aus seinen Geschichten könnt ihr eine Menge toller Zauberkunststücke lernen und üben.

Der kleine Freddy ist inzwischen ein gutes Stück älter und ist heute als der Zauberkünstler Fred Bossie mit seinen faszinierenden Zaubervorstellungen in ganz Deutschland bekannt.

Gesetze für Zauberer

Aber nicht verzweifeln, wenn nicht jeder Trick beim ersten Mal gelingt. Freddy kann davon ein Lied singen. War das eine Freude, als er das Zauberbuch gefunden hatte. Er saß den ganzen Nachmittag auf dem Dachboden und studierte das Buch. Ein Zaubertrick gefiel ihm besonders gut. Diesen Trick wollte er heute noch der Tante und dem Onkel vorführen. Die würden Augen machen!

Freddy ging hinunter. »Onkel Gustl! Komm schnell! Ich kann zaubern!« Der Onkel folgte ihm. Er ließ sich im Sessel nieder und schaute zu, wie Freddy Wasser in einen Becher goss. Dann stellte er den Becher in einen zweiten Becher hinein.

Vor lauter Aufregung stieß er dabei beide Becher um. Und während er noch ein zaghaftes »Hokuspokus« von sich gab, lief dem armen Freddy das Wasser über die Haare ins Gesicht. »Dreimal nasse Füße!«, ergänzte der Onkel lachend und gab ihm den Rat: »Üben! Üben! Üben!«

»So geht das nicht weiter«, sagte Freddy zu sich selbst. Er setzte sich in seine Kammer, schlug das Zauberbuch auf, nahm einen Bogen Papier und schrieb in seiner schönsten Schrift:

1. Übe jeden Trick sehr gut! Zeige ihn erst, wenn du so gut bist, dass du keine Probleme mehr hast.
2. Übe vor dem Spiegel! Dann kannst du deine Fehler sehen.
3. Zeige jeden Trick nur einmal! Sonst wissen die Zuschauer schon, was kommt.
4. Verrate nie ein Trickgeheimnis! Sonst sagen die Zuschauer: »Das kann jeder.« (Die müssen es ja auch nicht üben.)
5. Setze die Zuschauer direkt vor dich! Sonst sehen sie von der Seite deine Geheimnisse.
6. Erzähle und spiele spannende Geschichten! Sonst werden die tollsten Tricks langweilig.
7. Mach keine zu langen Vorstellungen! Die Zuschauer sind nach einer halben Stunde nicht mehr aufmerksam.
8. Hüte deine Zaubersachen! Sonst kommen andere hinter deine Geheimnisse.

Und nun viel Spaß und Erfolg beim Zaubern und Hexen!

Einen Zaubertrick zu erlernen und dann vorzuführen, das ist eine richtige, kleine Aufgabe, die ein wenig Durchhaltevermögen erfordert. Außerdem gibt es dabei ein paar Regeln zu beachten.

Leicht aber oho!...

»In diesem Haushalt ist aber auch nichts mehr da, wo es hingehört«, schimpft Tante Rosi. »Da will ich den Boden fegen, und der Besen fehlt; da will ich dem Briefträger eine Mark Trinkgeld geben, und alle Markstücke aus dem Geldbeutel sind verschwunden; da will ich den Kaffeetisch schön decken, und keine einzige Papierserviette ist zu finden. Ich verstehe das nicht. Früher war alles doch so ordentlich.«

Auch Onkel Gustl ist verdrießlich. Kein Bierglas, keine Plastikeimer zum Autowaschen und keine Büroklammern auf dem Schreibtisch. Dafür sehen sie Freddy stundenlang nicht mehr.

»Daran ist sicher dieses Buch schuld, das er auf dem Speicher gefunden hat«, meint Onkel Gustl. »Ob ihm das wirklich gut tut?« Was Onkel Gustl nicht weiß, ist, dass sich in seinem Haus ein wirklicher Meister der Zauberei auf seine Auftritte vorbereitet.

Auch wenn die Tricks noch so einfach erscheinen, so müssen sie gut geplant sein. Das heißt, sie müssen ausprobiert werden – am besten vor einem Spiegel –, und sie sollen natürlich mit einer witzigen und überzeugenden Geschichte präsentiert werden, damit der im Grunde simple Trick nicht gleich durchschaut wird.

Da heißt es kreativ sein und sich auf die Vorbereitungen konzentrieren. Bis in jeden Handgriff müssen die Kunststücke zum Teil geplant werden, damit man den gewünschten Erfolg hat.

Toi, toi, toi!

Die Eimer sind nicht dicht

Tante Rosi putzt heute die Fenster. Freddy kommt herein mit einer Brezel in der Hand. »Du kommst gerade recht«, sagt die Tante. »Nimm doch bitte die Eimer und bring mir frisches Wasser, kaltes und warmes! Und bring auch gleich ein Putzschwämmchen mit!« Freddy kommt zurück mit drei leeren Eimern und mit einer ganzen Packung (drei Stück) Putzschwämmchen: »Tante Rosi! Ich glaube, die Eimer sind nicht mehr ganz dicht.« »Hör doch auf«, ruft die Tante, »eben habe ich doch noch Wasser darin gehabt«. »Dann schau dir das mal an!« Freddy stellt einen Eimer umgekehrt auf den Tisch und legt einen Schwamm oben auf den Boden des Eimers. Dann stülpt er zwei weitere Eimer darüber und klopft auf den Turm. Dann hebt er den ganzen Eimerturm ab. Schau an! Der Schwamm liegt auf dem Tisch. Er muss wohl irgendwie durch den Boden des untersten Eimers gedrungen sein. Freddy wiederholt dasselbe Spiel noch einmal. Als er diesmal den Eimerturm entfernt, liegen schon zwei Schwämme auf dem Tisch. Da steigt Tante Rosi von der Leiter und ruft: »Hör bloß auf! Du machst mich noch ganz verrückt. Nimm sofort die Finger von meinen Eimern! Ich brauche sie noch.«

Wie macht er das?

Hier hat Freddy Tante Rosi allerdings ganz schön an der Nase herumgeführt, denn die Eimer sind selbstverständlich unversehrt. Freddy hat die drei Eimer mit der Öff-

nung nach oben ineinander gestellt. Was Tante Rosi nicht weiß, ist, dass er in den mittleren Eimer ein viertes Schwämmchen gelegt hat (Abb. 1). Er lässt nun Tante Rosi in den oberen Eimer hineinschauen, indem er ihr

alle drei Eimer ineinander gestülpt zeigt (Abb. 2). Mit der freien linken Hand zieht er jetzt den unteren Eimer ab, lässt sie nun dort hineinschauen und stellt ihn mit der Öffnung nach unten auf den Tisch. Jetzt nimmt er den mittleren Eimer und stellt ihn mit Schwung daneben.

Vorsicht, dass der geheime vierte Schwamm dabei nicht herausfällt! Daneben stellt Freddy nun den vorher schon leer gezeigten dritten Eimer umgekehrt hin (Abb. 3). Einen der drei mitgebrachten Schwämmchen legt

Freddy nun auf den mittleren Eimer, unter dem ja der geheime Schwamm liegt (Abb. 4). Die beiden anderen Eimer stülpt er über diesen drüber (Abb. 5).

Wenn er jetzt alle drei Eimer wegnimmt, ist tatsächlich der Schwamm durch den Eimer gedrungen (Abb. 6). Das ganze Spiel wiederholt sich nun noch einmal,

nur dass Freddy diesmal den mittleren Eimer mit dem geheimen Schwamm über den auf dem Tisch liegenden Schwamm stülpt und so zwei Schwämmchen erscheinen lässt (Abb. 7). Um den dritten Schwamm

erscheinen zu lassen, muss Freddy das Ganze noch einmal durchspielen. Beim Wegstellen der Eimer darf Freddy allerdings nicht vergessen, den im mittleren Eimer verbliebenen Schwamm herauszunehmen, ohne dass die Tante etwas bemerkt, weil sonst der Trick ja verraten wäre.

Du brauchst
3 Schwämmchen (Schaumstoffwürfel, Wattekugeln o.Ä.), 3 Eimer (Joghurtbecher, Blumentöpfe o.Ä.)

Je kleiner der Behälter ist, umso schwieriger ist der Trick, weil dann die Zuschauer alles ganz genau sehen.

11

Das geheimnisvolle Frühstücksei

Freddy legt jedem ein Ei an den Platz, Tante Rosi, Onkel Gustl und sich selbst. »Onkel Gustl! Schau mal! Dein Ei! Ich glaube, da schlüpft ein Küken aus.« Tatsächlich, das Ei hat sich in Bewegung gesetzt und rollt langsam auf die Tischkante zu. Im letzten Augenblick bleibt es stehen. Dann rollt es wieder langsam zurück neben den Teller des Onkels. Der Onkel schaut das Ei an. Dann greift er vorsichtig danach und untersucht es von allen Seiten. Aber er kann nichts Besonderes daran feststellen. Er legt es wieder auf den Tisch und schüttelt den Kopf. Das kann er einfach nicht begreifen.

Wie macht er das?

Freddy knotet einen kleinen Plastikring an einen dünnen Faden. Den Faden führt er einmal um die ganze Tischplatte herum und verknotet ihn von der anderen Seite wieder mit dem kleinen Plastikring.
Dann legt er die Tischdecke darüber, damit niemand den Faden bemerkt. Jetzt braucht Freddy nur noch das Ei genau auf den Ring zu legen. Wenn er dann mit seiner Hand vorsichtig unter der Tischplatte den Faden hin und her zieht, bewegt sich das Ei wie von Geisterhand über den Tisch.

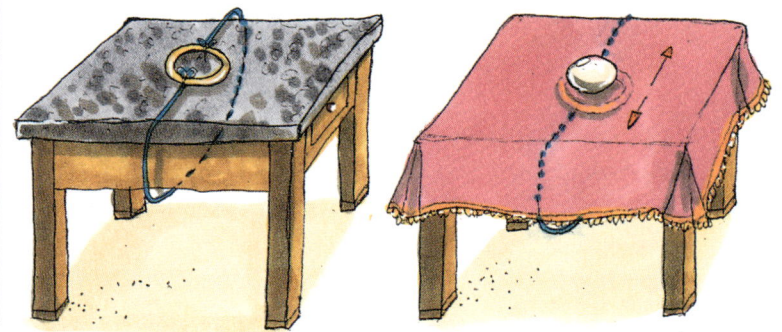

Das Ringlein tanzt am Besen

Freddy will der Tante einen neuen Zaubertrick mit Papierkonfettis vorführen. Aber es gelingt nicht richtig, und am Ende ist der Küchenboden übersät mit Papierkonfettis. Tante Rosi schüttelt nur den Kopf und sagt: »Du weißt ja, wo der Besen steht.« Freddy holt den Besen und fängt an zu kehren. Unterdessen macht sich Tante Rosi wieder an die unterbrochene Küchenarbeit. Auf einmal sagt Freddy: »Mit dem Besen stimmt etwas nicht.« »Mit dir stimmt auch etwas nicht«, will die Tante sagen, aber die Worte bleiben ihr im Munde stecken. Tatsächlich! Ein Ring, ein Vorhangring wandert ganz von selbst am Besenstiel auf und ab, wie von Geisterhand bewegt. Sobald Freddy aufhört zu fegen, steht der geisterhafte Ring ebenfalls still. Und er bewegt sich sogleich wieder, wenn Freddy den Besen bewegt. Das ist sehr merkwürdig. Freddy schaut die Tante an. Die Tante schaut Freddy an. Schließlich sagt sie leise: »Bub! Nimm lieber den Staubsauger!«

Wie macht er das?

Natürlich hat Freddy die Konfettis absichtlich auf den Boden fallen lassen, um die Möglichkeit, etwas auffegen zu müssen, herbeizuführen. Kurz zuvor hat sich Freddy allerdings in der Besenkammer an Tante Rosis neuem Besen zu schaffen gemacht. Er hat einen dünnen Perlonfaden am Ende des Besenstiels mit einem Reißnagel befestigt. Der Perlonfaden muss zwei Drittel der Länge des Besenstiels haben. An dessen anderem Ende hat er eine Schlaufe gemacht, damit er den Daumen durchstecken kann. Beim Fegen kann er nun – unsichtbar für Tante Rosi und alle anderen Zuschauer – mit Bewegungen seines Daumens den von oben über den Stiel und Faden gesteckten Ring wandern und stillstehen lassen.

Tips für Könner

Der Trick funktioniert auch eine Nummer kleiner. Du nimmst den Zauberstab, befestigst den Faden am oberen Ende, stülpst einen Ring über Faden und Zauberstab und hältst das Ende des Fadens in der anderen Hand. Durch Bewegungen dieser Hand oder des Zauberstabs kannst du das Ringlein tanzen lassen.

Du brauchst
1 Besen,
1 großen Gardinenring,
1 Perlonfaden

Vorsicht bei Gläsern

Tips für Könner

Bitte deine Mutter, dir ein großes
Trinkglas zu überlassen,
das sie nicht mehr braucht!
Anstelle der Servietten verwendest
du in deiner Vorführung besser
zwei gleiche Filzstoffe. Sie lassen
sich gut zuschneiden und
verkleben. Da sicher nicht jeder
für dich sein Hemd ausziehen
möchte, kannst du stattdessen
auch ein großes »Zaubertuch«
verwenden.

Onkel Gustl läuft aufgeregt in der Stube herum. Er schaut auf dem Schrank, hinter den Blumentöpfen, unter dem Tisch ... Dann schimpft er los: »Das ist doch ganz und gar unmöglich! Gerade habe ich ein Markstück hier auf den Tisch gelegt. Das muss doch noch da sein.« Er durchwühlt alle Taschen. Freddy sitzt noch beim Abendessen. Er hat die ganze Zeit über dem Onkel zugeschaut. Jetzt sagt er: »Onkel Gustl! Ein Markstück kann auch einmal verschwinden. Das gibt es.« »Ach was«, fährt ihm der Onkel über den Mund, »red nicht daher! Oder hast du es am Ende vom Tisch weggenommen?« Freddy schüttelt den Kopf und sagt: »Schau doch mal unter dein Bierglas!« Onkel Gustl hebt das Glas hoch, und es kommt tatsächlich ein Markstück darunter zum Vorschein. »Du hast auch schon besser gezaubert«, sagt er verdrießlich und will das Markstück nehmen. Aber Freddy ist schneller und schnappt es ihm unter der Hand weg. »Bei Gläsern musst du nämlich vorsichtig sein. Da kann ein Geldstück leicht einmal verschwinden.« Mit diesen Worten stülpt er sein Trinkglas darüber – und das Markstück ist weg, spurlos verschwunden. »Siehst du, so schnell kann das gehen.« Jetzt starrt Freddy in das leere Glas und überlegt. Der Onkel wird ungeduldig: »Was ist jetzt? Krieg ich die Mark, oder krieg ich sie nicht?« Freddy winkt ab: »Nicht so hastig! Ich habe vergessen, wie man das Geld wieder herbeischafft.« Das Gesicht des Onkels ist hoch konzentriert. »Jetzt weiß ich's wieder«, ruft Freddy, »du musst dein Hemd ausziehen und über das Glas legen. Es muss ein Kleidungsstück des Besitzers sein.« Onkel Gustl richtet sich auf und schnauft schwer. Aber dann zieht er doch sein Hemd aus und reicht es über den Tisch. Freddy wirft es über das umgestülpte Glas und hebt es sogleich samt dem Hemd in die Höhe. Das Markstück liegt wieder auf der Serviette, als wäre nichts gewesen.

Wie macht er das?

Für dieses Zauberkunststück
braucht Freddy zwei gleiche
Papierservietten. Mit der einen
muss er die Öffnung des Glases
zukleben und die überstehenden
Reste rund um das Glas herum
säuberlich abschneiden
(Abb. 1).

Die andere Serviette breitet er auf dem Tisch aus.
Wenn er dem Onkel das
Markstück abnimmt, legt
er es auf die Serviette auf
dem Tisch und stülpt
rasch das Glas darüber
(Abb. 2).

Du brauchst
1 Saftglas,
1 Stück Filzstoff
oder buntes Papier
ca. 20 x 30 cm,
1 Stück Filzstoff
oder buntes Papier,
etwas größer als das Glas,
Kleber,
1 Messer,
1 Geldstück

Da der papierene Verschluss
des Glases und die Serviette
auf dem Tisch aus demselben
Material sind, fällt die Präparation nicht auf (Abb. 3).

Damit aber beim Hochheben
des Glases der Trick nicht
entdeckt wird, muss Freddy
das Glas abdecken – in diesem Fall mit dem Hemd des
Onkels. Das macht den Trick
außerdem noch geheimnisvoller.

Das Glas darf natürlich auf
keinen Fall mit der Öffnung nach
oben für die Zuschauer sichtbar
herumstehen.

Tante Rosis Kaffeerunde

Tips für Könner

In der Schachtel können auch Bonbons sein, die du dem Publikum anbietest. Bewege die Schachtel beim Vorzeigen immer hin und her, so dass nichts Genaues zu sehen ist! Lass auch niemanden in die Schachtel hineingreifen, sondern hole die Gegenstände immer selbst heraus! Du kannst die Zauberschachtel z.B. für Stofftiere oder Tücher auch viel größer herstellen. Natürlich musst du die Schachtel nach der Vorführung außer Reichweite der Zuschauer bringen.

Tante Rosi hat zwei Nachbarinnen zu Kaffee und Kuchen eingeladen. Seit zwei Stunden reden die drei Frauen aufeinander ein. Eben erzählt Frau Ansgerber, wie sie ihre neuen Vorhänge zuerst viel zu teuer gekauft, dann zu kurz abschnitten und schließlich auch noch zu heiß gewaschen hat. Anstatt zuzuhören, erzählt Tante Rosi der Apothekerin, Frau Schnabel, von ihrem Gustl, der den ganzen Tag nur Zeitung liest und auf alles in der Welt schimpft. Frau Schnabel blättert derweil in der Programmzeitschrift und liest ihren Freundinnen vor, was diese Woche alles im Fernsehen kommt. So haben alle drei eine wunderbare Unterhaltung. Auf einmal ruft Tante Rosi: »Freddy! Sei doch so gut und bring uns etwas Zucker!« Freddy kommt herein mit einer Schachtel, auf der »hohes C« steht. »Ach Bub«, ruft sie, »das ist Orangensaft, wir wollen doch Zucker!« »Nein«, sagt Freddy, »es sieht aus wie hohes C, aber ...« »Haha«, lacht Frau Schnabel. »Das hohe C kann man doch gar nicht sehen, man kann es nur hören. Es ist ein ganz hoher Ton, den nur die besten Opernsängerinnen auf der Welt hervorbringen.« Freddy zeigt ihr die Schachtel und sagt: »Dann warten Sie mal ab, was ich aus dem hohen C hervorbringe!« »Die ist ja leer«, sagt Frau Schnabel. »Sicher ist die leer. Das hohe C habe ich wegen der vielen Vitamine doch schon getrunken.« Wieder schaut Frau Schnabel in die Schachtel und ruft: »Jetzt ist ein Stück Zucker drin.
Das wird aber nicht weit reichen.« »Simsalabim«, sagt Freddy und zieht elegant eine Serviette über die kleine Schachtel hinweg. Dann darf die Tante wieder hineinschauen. Jetzt liegen auf einmal drei Zuckerstücke drin. Die drei Schwatztanten sind sprachlos. Aber dann geht das Geplapper umso heftiger weiter. Jetzt reden sie von Zauberkünstlern, von Hellsehern, von Betrügern und am Ende auch noch von Hexen. Von den Hexen wechselt das

Gespräch plötzlich auf Frau Schüssele, eine gemeinsame Bekannte, die sonst mit am Kaffeetisch sitzt, aber heute leider nicht kommen konnte. Dass Freddy mitsamt dem Zucker wieder hinausgegangen ist, merkt niemand.

Wie macht er das?

Freddy hat sich zuvor eine Trickschachtel gebastelt. Sie hat einen quadratischen Boden und ist oben offen. Das magische Geheimnis ist eine bewegliche Zwischenwand, mit der die Schachtel unterteilt ist. Du kannst diese Schachtel nach der Abbildung leicht selber bauen. Am besten eignet sich dazu fester schwarzer Karton.

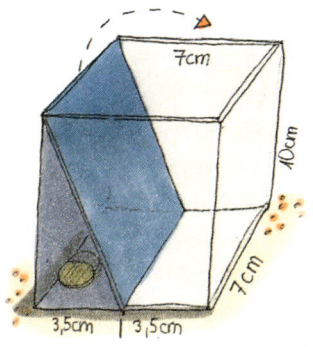

Du brauchst
*1 Pappschachtel
ca. 10 x 7 x 7 cm,
Tonpapier,
einige Zuckerwürfel
(Bonbons o.Ä.),
Dekorationsmaterial,
1 Schere,
Kleber*

Du kannst aber auch eine fertige Pappschachtel mit den geeigneten Maßen nehmen und innen schwarz ausmalen oder die Innenwände mit schwarzem Tonpapier auskleiden, dann brauchst du nur noch die Trennwand hineinkleben. Vor deinem Zauberauftritt legst du auf die eine Seite der Schach-

①

Die Trickschachtel brauchst

du auch für

»Die schöne Spionin« (Seite 67).

tel die Zuckerwürfel hinein und klappst die Trennwand darüber. Wenn die Zuschauer hineinschauen, sehen sie eine vermeintlich leere Schachtel. Während du eine Serviette oder dein Zaubertuch darüber legst, klappst du mit der anderen Hand die Trennwand auf die andere Seite und lässt damit die Zuckerwürfel in der Schachtel erscheinen.

②

17

Die Geschichte von den Büroklammern

Tips für Könner

Das Wichtigste beim Zaubern
ist nicht, ob ein Kunststück
besonders schwierig ist, sondern
ob die Zuschauer eine fesselnde
Unterhaltungsschau haben.
Du kannst die Schau sogar
noch steigern, wenn du die
Geschichte mit deinen Freunden
als Theaterstück mit verteilten
Rollen aufführst.

Tante Rosi klagt, dass man heutzutage immer nur den Fernseher einschaltet. Früher, sagt sie, hätten die Leute noch selber etwas zu erzählen gewusst. Heute aber wüssten die Kinder gar keine Geschichten mehr.

»Das stimmt nicht«, meint Freddy, »ich will euch eine Geschichte erzählen.«

Er legt zwei Büroklammern auf den Tisch und fängt an: »Ein Chef sucht eine junge Dame für sein Büro. Es melden sich viele und wollen die Stellung. Nun sitzen sie alle draußen im Vorzimmer und möchten sich vorstellen. Der Chef weiß nicht, welche er nehmen soll. Und weil er ein Mensch mit Ideen ist, sagt er: ›Ich will allen eine Aufgabe stellen, und dann will ich die nehmen, die am geschicktesten ist.‹ Als Erstes kommt jemand und sagt: ›Mein Name ist Dieter Dödel.‹ Der Chef wundert sich und denkt sich: ›Ein junger Mann! Na so etwas! Aber ich will ihm auch eine Chance geben.‹ Dann sagt er: ›Sehen Sie die beiden Büroklammern auf dem Tisch? Die müssen Sie mir wie zwei Kettenringe ineinander hängen. Aber Sie dürfen immer nur eine dabei berühren.‹ Der junge Mann nimmt die erste Klammer, und weil er aufgeregt ist, fallen sie ihm herunter und geradewegs in den Papierkorb hinein. ›Danke‹, sagt der Chef, ›es war nett, Sie kennen zu lernen.‹ Als Nächstes kommt Fräulein Pia Pfeffer herein. Sie nimmt die erste Klammer und steckt sie in den Spalt einer Schranktüre. Dann versucht sie, die andere Klammer einzuhängen. Dabei drückt sie so stark, dass sie die erste Klammer in den Schrank hineindrückt. ›Mist‹ sagt Fräulein Pfeffer. Und der Chef sagt: ›Das war schon ganz gut. Lassen Sie sich bitte draußen eine Tasse Kaffee geben!‹ Jetzt kommt die große, kräftige Frau Klara Kloß. Sie fragt als Erstes nach einem Werkzeugkasten. Der Chef sagt: ›Ich brauche eine Bürokraft, nicht eine Installateuse.‹ Dann kommt das kleine Fräulein Elfi

Bändele. ›Darf ich‹, fragt sie, nachdem ihr die Aufgabe erklärt wurde, nimmt eine Zeitung vom Tisch und reißt einen langen schmalen Streifen Papier ab. Sie faltet den Streifen und steckt zuerst die eine und dann die andere Büroklammer darauf. Dann zieht sie an den beiden Enden des Papierstreifens: In weitem Bogen fliegen die beiden Büroklammern ineinander verschlungen auf den Tisch. Der Chef ist begeistert: ›Fräulein Bändele, sagen Sie mir, was Sie verdienen wollen, und fangen Sie gleich morgen an!‹«

Beim Erzählen hat Freddy genau das getan, was Fräulein Bändele in der Geschichte tat. Deshalb liegen jetzt auch zwei verschlungene Büroklammern auf Tante Rosis Tisch. Die Tante löst die Klammern wieder voneinander und sagt zu Freddy: »Halte diese eine Klammer gut fest.« Dann nimmt sie die andere und hängt sie einfach in die erste ein.

Sie lacht und sagt: »Eigentlich hätte ich die Stellung kriegen müssen, findest du nicht?« Jetzt ist es Freddy, der staunt.

Du brauchst
1 Papierstreifen,
ca. 30 x 5 cm,
2 Büroklammern

Hier ist das Erzählen der Geschichte ein wichtiger Bestandteil des Tricks. Bereite dich gut vor und nimm dir beim Sprechen Zeit.

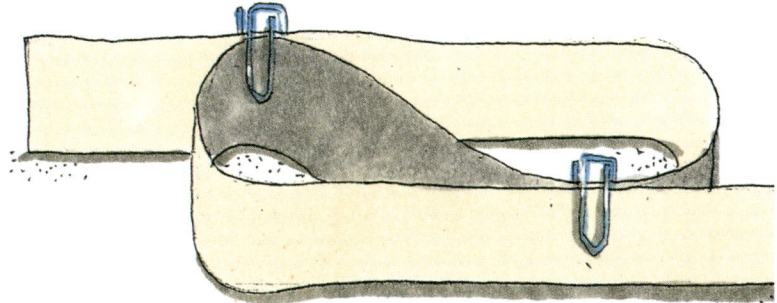

Wie macht er das?

Er schneidet einen Papierstreifen zurecht und steckt die beiden Büroklammern so darauf, wie es die Abbildung zeigt. Zieht er an den Enden des Papierstreifens, geschieht genau dasselbe wie bei Fräulein Bändele.

Freche Zauberstreiche

Heute ist Besuch angesagt. Ein paar alte Freunde von Onkel Gustl und Tante Rosi kommen zum Mittagessen. Tante Rosi steht ganz aufgelöst in der Küche, und Onkel Gustl rennt in der Wohnung herum und räumt auf. Der Einzige, der gelassen bleibt, ist Freddy. Tante Rosi und Onkel Gustl machen sich etwas Sorgen. Sie kennen doch Freddy und seine fürchterlichen Streiche. Ihr Besuch wird mit dem frechen, ungezogenen Flegel nicht viel anfangen können. Da läutet es an der Tür. Der Besuch ist viel zu früh. Tante Rosi und Onkel Gustl sind noch mitten in den Vorbereitungen. »Bitte, Freddy, kannst du dich um die Gäste ein

wenig kümmern?« In ihrer Not wenden sie sich
an ihn. »Klar doch«, meint er, geht souverän an
die Tür, bittet die Ankommenden herein, nimmt
ihnen die Jacken ab, führt sie ins Wohnzimmer,
bietet ihnen etwas zu trinken an und unterhält sie
mit den lustigsten Geschichten, bis Tante Rosi
ruft: »Das Essen ist fertig.« Freddy wird über den
grünen Klee gelobt, wie umsichtig und erwachsen
er gehandelt hat. Tante Rosi und Onkel Gustl
sehen sich nur an, und Freddy grinst.

Natürlich weiß Freddy, wie er selbstbewusst auf
andere zugehen und wie er sie fesseln und unter-
halten kann. Schließlich ist dies das grundlegen-
de Handwerkszeug eines Zauberers. Und gerade
bei »frechen Zauberstreichen« muss er seine
Zuschauer gut im Griff haben und sie ein
wenig an der Nase herumführen, damit sie
ihren Spaß haben können. Da sind gut er-
zählte Geschichten wichtig, da muss er sich
ein bisschen verstellen, Rätsel präsentieren
und sie am Ende zum Erstaunen aller auf-
lösen. Kurzum, er muss etwas bieten.

Ins Schwarze getroffen

Tips für Könner

Diesen Trick kannst du zu einer schönen kleinen Schau ausbauen. Statt eines schwarzen Gegenstands als Erkennungszeichen kannst du alles Mögliche nehmen – du musst dich nur mit deinem Partner absprechen. Dir fällt bestimmt vieles dazu ein, z. B. etwas Essbares, etwas Flüssiges, ein Gegenstand, der mit B beginnt usw.

Heute Abend sitzen sie wieder einmal vor dem Fernsehapparat, Freddy, Tante Rosi und Onkel Gustl. Ein gescheiter Professor hält eine gescheite Rede. Er sagt, dass die Leute zu viel fernsehen. Er sagt, dass es gescheiter ist, wenn Groß und Klein am Tisch sitzen und zusammen spielen. Der Onkel macht sich wichtig und sagt: »Der Mann hat vollkommen recht.« Da steht der kleine Freddy auf und schaltet den Fernsehapparat aus. Er ruft: »Wenn der Mann recht hat, dann müssen wir auch tun, was er sagt. Also machen wir jetzt ein Spiel miteinander. Onkel Gustl! Du gehst als Erster hinaus.« Onkel Gustl schaut verdutzt. Aber dann steht er auf und geht zur Tür. Freddy zwinkert ihm noch kurz und unauffällig zu, bevor der Onkel die Tür von draußen zumacht. »Pass auf, Tante Rosi«, sagt Freddy leise, »ich erkläre dir, wie es geht. Wir denken uns jetzt irgendeinen Gegenstand aus, und Onkel Gustl muss ihn erraten. Tante! Sag jetzt einen Gegenstand!« Tante Rosi schaut eine Weile suchend im Zimmer umher und flüstert dann leise: »Der Lichtschalter an der Wand.« Jetzt ruft Freddy den Onkel herein und erklärt ihm: »Onkel Gustl! Du musst jetzt erraten, welchen Gegenstand wir uns ausgedacht haben.« Dann fängt Freddy an zu fragen: »Ist es die Zeitung auf dem Tisch?« Der Onkel schüttelt den Kopf. »Ist es die Lampe an der Decke? Das Kissen auf dem Sofa? Die Blumen auf dem Fensterbrett? Der Briefkasten unten an der Ecke? Die Krawatte des Bürgermeisters? Die Kläranlage von Moskau?« Freddy fragt noch eine ganze Weile so weiter, und jedes Mal schüttelt der Onkel Gustl nur müde den Kopf. »Hört doch auf mit dem Blödsinn«, ruft die Tante dazwischen, »wie soll er das denn herauskriegen?« Aber Freddy fährt unbeirrt fort mit der Fragerei: »Ist es dein Zylinderhut im Schrank?« »Nein«, sagt Onkel Gustl und blickt gelangweilt zur Decke hinauf. »Ist es der Lichtschalter an der Wand?« Da schlägt der Onkel die Hände zusammen und ruft: »Natürlich ist es der Lichtschalter! Warum redet ihr denn so lange darum herum?« Tante Rosi ist ganz still geworden. Das hat sie nicht erwartet. Sie staunt aber noch mehr, als in der nächsten Runde Freddy hereinkommt und nach kurzer Zeit errät, dass der linke Torpfosten des östlichen Tores im Olympiastadion in München der gesuchte Gegenstand ist. Wie soll sie das auch verstehen?

Wie macht er das?

Hast du schon bemerkt, was hier passiert ist? Da Freddy ja nun einmal kein Hellseher ist, hat er sich Onkel Gustl zum Mitwisser gemacht. Die beiden haben miteinander vereinbart, dass der gesuchte Gegenstand immer der ist, der auf einen schwarzen Gegenstand folgt. Als dann Freddy nach Onkels schwarzem Zylinder gefragt hat, wusste der Onkel sofort, dass als Nächstes der gesuchte Gegenstand folgt.

Den Trick nicht öfter als zweimal zeigen, sonst hat das Publikum zu viel Zeit zum Nachdenken, wie er funktioniert.
Du kannst diesen Trick zu einer schönen kleinen Schau ausbauen. Mit deinem Gehilfen vereinbarst du dazu verschiedene Möglichkeiten, dann kommen deine Zuschauer nicht hinter das Geheimnis. Statt eines schwarzen Gegenstandes kannst du alles Mögliche nehmen – z. B. etwas Essbares, etwas Flüssiges, einen Gegenstand, der mit »B« beginnt...

Freddy, das Gedächtniswunder

Tips für Könner

Achte bitte darauf, dass man das Blättern der Zeitung nicht hört, und verstecke die Zeitung nach dem Trick auch wieder gut. Sollte dein Zuschauer nämlich im Nachhinein deine doppelte Zeitung entdecken, würdest du doch diesen schönen Trick verraten.

Tante Rosi bügelt Hemden. Onkel Gustl hat sich eine Zigarre angesteckt und greift zur Zeitung. Freddy sitzt am Tisch. Er hat ein Kreuzworträtsel angefangen, ist aber nicht weit gekommen damit. Jetzt kritzelt er Männchen auf den Rand der Zeitschrift. Er langweilt sich. Er schiebt die Zeitschrift weg und fragt: »Wer will mit mir Monopoly spielen?« Die Tante winkt ab: »Und wer soll dann die Arbeit machen? Ich habe keine Zeit.« Der Onkel fertigt ihn unwillig ab: »Du siehst doch, dass ich gerade die Zeitung lese.« Freddy seufzt. Dann fällt ihm aber ein, wie er den Onkel drankriegen könnte. Er sagt: »Kannst du eigentlich auch etwas anderes als Zeitung lesen?« »Ach Bub! Was verstehst denn du schon davon? Es ist wichtig, die Zeitung zu lesen. Dann weiß man, was los ist in der Welt.« »Ja, ja«, sagt Freddy, »das ist schon recht. Aber warum musst du den ganzen Tag Zeitung lesen? Ich mach das anders. Ich schaue morgens einmal die Zeitung durch, und dann kann ich sie auswendig.« »Na, jetzt übertreibst du aber!«, ruft der Onkel. »Überhaupt nicht. Ich zeig es dir. Ich gehe jetzt hinaus vor die Tür, und du kannst mich dann über alles ausfragen, was in der Zeitung steht.« Der Onkel lacht und tippt sich mit dem Finger an die Stirn; einen solchen Unsinn hat er schon lange nicht mehr gehört. Freddy lässt sich davon nicht stören, sondern geht hinaus.

Gleich darauf tönt es von draußen: »Seite 5 oben – Ein Zeitungsausträger darf bis vor die Wohnungstür – Ein Ordnungsgeld bis zu 500 000 Mark riskiert ein Vermieter, wenn er den Zeitungsausträger daran hindert, die Zeitung frühmorgens zum Briefkasten zu bringen.« Freddy redet weiter so, bis der Onkel dazwischenschreit: »Halt! Ist schon gut. Aber jetzt sage mir: Was steht auf Seite 12 rechts unten?« Da fängt Freddy gleich wieder

an und leiert den Bericht über ein Fußballspiel herunter bis zum letzten Wort. Als er fertig ist, setzt er noch hinzu: »Und was willst du jetzt hören?« Der Onkel gibt keine Antwort. Er schaut hinüber zu Tante Rosi und sagt leise: »Das kann doch nicht wahr sein. Wie ist denn so etwas möglich?« Die Tante schaut Onkel Gustl an. Dann muss sie lachen.

Wie macht er das?

Freddy hat sich hierfür ein zweites Exemplar von Onkel Gustls Tageszeitung besorgt. Die hat er sich draußen auf dem Flur versteckt. Jetzt braucht er nur noch rauszugehen, die Zeitung aus dem Versteck zu holen und die gewünschten Artikel seinem Onkel vorzulesen.

Du brauchst
*2 Zeitungen
derselben Ausgabe*

Die Hosentaschenlotterie

Tips für Könner

Später, wenn du mit diesem Trick sicher bist, kannst du mit vielen Zetteln und entsprechend vielen verschiedenen Falttechniken arbeiten. Mit diesem Trick kannst du in allen möglichen Bereichen hellseherische Fähigkeiten vorgaukeln. So können die Zuschauer auch Zahlen, Tiere, Städte und was sie auch wollen, nennen. Du notierst alles getreulich auf deine Zettel und steckst sie gefaltet in die Tasche. Auf Verlangen holst du jedes Mal den richtigen wieder heraus.

Heute Abend hat Tante Rosi einen Teller mit feinen Marzipankugeln auf den Tisch gestellt. Die mag Freddy ganz besonders gern. Auch Tante Rosi greift munter zu und pfeift auf ihre soeben begonnene Diät.

Und sogar Onkel Gustl, der sonst nicht laut genug auf alle süßen Sachen schimpfen kann, hat heute sein Bier stehen lassen und bedient sich aus dem Teller. Jetzt, da nur noch eine einzige Kugel daliegt, strecken sich plötzlich drei Hände zur gleichen Zeit dem Teller entgegen. Zur gleichen Zeit auch halten sie an und bleiben dicht nebeneinander über der kleinen Marzipankugel in der Schwebe. Freddy, Rosi und Gustl blicken sich wortlos an. Schließlich bricht Onkel Gustl das gespannte Schweigen und fragt: »Was machen wir nun?« Jetzt erst ziehen sie wie befreit ihre Hände zurück.

Freddy weiß als Erster eine Lösung: »Wir wollen es auslosen, wer die letzte Marzipankugel essen darf.« Die beiden anderen sind sogleich einverstanden. Er schneidet aus einem Bogen Papier drei gleich große Zettelchen zurecht und schreibt auf jeden einen Namen: Gustl/Rosi/Freddy. Dann faltet er sie zusammen und steckt sie in seine Hosentasche. Er kramt mit der Hand in der Tasche. Dabei wirft er den Kopf zurück und konzentriert sich mit geschlossenen Augen. Schließlich holt er eines der Lose hervor. Noch bevor er es entfaltet, spricht er sicher und laut: »Freddy hat gewonnen.« Freundlich lächelnd steckt er die Marzipankugel in den Mund. Dann holt er nacheinander die beiden übrigen Lose aus der Tasche. Auch diese beiden sagt er richtig voraus, wenn auch mit vollem Mund und deshalb nicht ganz so deutlich zu verstehen. Onkel Gustl schlägt sich mit der flachen Hand auf die Stirn und ruft: »Wir hätten es uns doch denken können, dass Freddy wieder irgendeine Teufelei mit uns treiben würde.«

Wie macht er das?

Freddy hat also die drei Namen auf drei gleich große Zettel geschrieben. Dann hat er sie zusammengefaltet – und hier liegt auch schon das Geheimnis.
Er faltet nämlich jeden Zettel anders (siehe Abb.). So kann er sie nachher in der Hosentasche durch Fühlen leicht unterscheiden.
Allerdings muss er darauf achten, dass er jeden Zettel gleich nach dem Falten in die Hosentasche steckt.
Wenn nämlich alle drei zugleich auf dem Tisch liegen, könnte ein aufmerksamer Onkel Gustl doch noch hinter sein Geheimnis kommen.

Du brauchst
Einige Notizzettel,
1 Stift

Mensch, ärgere dich nicht

Tips für Könner

Wenn du diesen kleinen Trick sicher beherrschst, kannst du ihn jederzeit während einer Spielrunde deinen Freunden oder der Familie vorführen. Gelegenheit zum Ärgern gibt es beim Würfelspiel ja genug. Du kannst den Trick natürlich auch in einer Zauberparade vorführen.

Freddy hat es geschafft, dass der Fernsehapparat heute ausgeschaltet bleibt. Dafür wird »Mensch, ärgere dich nicht« gespielt. Ganz umsonst hat er das aber auch nicht gekriegt. Der Tante hat er dafür versprechen müssen, die Wäsche schön zusammenzulegen. Und Onkel Gustl hat seine Zeitung erst aus der Hand gelegt, als Freddy ihm eine Wette angeboten hat: »Wenn ich verliere, zeige ich dir einen neuen Zaubertrick.« Aber das Spiel ist trotzdem nicht so schön geworden, wie Freddy sich das eigentlich gewünscht hatte. Denn jetzt ist das Spiel aus, und er hat verloren. Er ballt die Fäuste und schluckt. Am liebsten würde er jetzt das ganze Brett mitsamt den Holzmännchen in die Ecke schleudern. Onkel Gustl lacht und lehnt sich bequem in seinen Stuhl zurück: »Herr Zauberer«, ruft er und klatscht in die Hände, »beginnen Sie doch mit der Vorstellung!« Freddy schaut ihn nur böse an. Dann nimmt er den Würfel vom Tisch und fängt an, ihn zu beschimpfen: »Du kleines elendiges Ding! Du allein bist schuld daran, dass ich verloren habe. Weil du zu blöd bist, mir eine Vier zu geben. Und damit du mir nie wieder ein Spiel verdirbst, will ich dich jetzt hier auf dem Tisch zerquetschen.« Mit diesen Worten steht Freddy auf und presst den Würfel mit der flachen linken Hand auf die Tischplatte. Er presst mit solcher Kraft, dass sein Gesicht schon ganz rot wird. Auf einmal hält er inne und sagt: »Hoppla! Ich glaube, jetzt kommt er schon unten heraus.« Mit der Rechten fasst er unter die Tischplatte und holt wirklich den Würfel hervor. Dann nimmt er die linke Hand vom Tisch oben weg. Zur Verwunderung der Tante und des Onkels ist da kein Würfel mehr. Der Würfel ist offenbar wirklich durch die Tischplatte gedrungen. Als Freddy jetzt die völlig verdutzten Gesichter der beiden sieht, muss er lachen, und sein Ärger über das verlorene Spiel ist sofort verflogen.

Wie macht er das?

Hier hat Freddy wieder einmal gezaubert nach dem alten Prinzip »Schein und Wirklichkeit«. Während er nämlich seine »Wut« an dem armen Würfel A in der linken Hand auslässt, hält er bereits einen zweiten Würfel B in der rechten versteckt. Dazu muss er nicht einmal die Hand schließen, denn der Würfel steckt im Fingeransatz zwischen Mittel- und Ringfinger (siehe Abb.).

Du brauchst
2 Spielwürfel

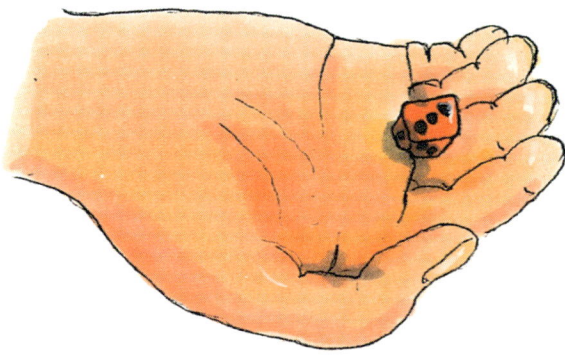

So kann Freddy die Hand ganz schön weit aufmachen, ohne dass er den Würfel verliert. Mit der Linken legt Freddy also den »bösen« Würfel A auf die Tischplatte und presst ihn mit der flachen Linken nieder.
Dabei achtet er darauf, dass der Würfel unter seiner Hand gleichfalls in den Fingeransatz zwischen Mittel- und Ringfinger zu liegen kommt.
Wenn der Würfel A nach einer Weile des Pressens – angeblich – unter der Tischplatte angekommen ist, holt Freddy ihn mit der Rechten hervor, d. h., er zeigt dem Publikum den falschen Würfel B.
Dann nimmt er die flache linke Hand oben von der Tischplatte. Keine Angst! Der Würfel A klemmt sicher in seinem Versteck. Freddy muss nur darauf achten, dass er dem Publikum nicht die Innenseite der Hand zeigt.

Achte darauf, dass niemand hinter dir steht oder sitzt und so vielleicht den verborgenen Würfel in der Hand zu sehen bekommt.

Übersinnliche Fähigkeiten

»Haha«, lacht Onkel Gustl hinter seiner Zeitung, »wieder so ein Scharlatan, der die Leute zum Narren hält. Wahrsager nennt er sich und will Unwetter, Missernten und Viehseuchen vorhersagen. Die Bauern laufen hin zu ihm und tragen ihm das Geld ins Haus. Ein Betrüger ist das und sonst gar nichts.«

Tante Rosi schüttelt den Kopf und sagt: »Das darfst du nicht sagen. Man hat schon von Leuten gehört mit übersinnlichen Fähigkeiten. Meine Schwester, die Franziska, hat einmal – als wir noch Kinder waren – nachts im Schlaf ein Feuer gesehen. Und drei Tage später hat tatsächlich der Blitz in unseren Heustadel eingeschlagen, und er ist ganz verbrannt.«

»Blödsinn«, sagt der Onkel, »dem Blitz ist es doch egal, was deine Franziska träumt. Der hätte auch eingeschlagen, wenn sie von Schweinshaxen und Sauerkraut geträumt hätte.«

Jetzt mischt sich Freddy ein: »Ich glaube ja schon, dass es übersinnliche Fähigkeiten gibt. Ich will es dir zeigen: Schreib mal eine dreistellige Zahl auf. Sie soll aus drei verschiedenen Ziffern bestehen. Hast du sie? So! Und jetzt schreibst du deine Zahl in der umgekehrten Reihenfolge darunter, du fängst also mit der letzten Ziffer an. Und jetzt musst du die kleinere Zahl von der größeren abziehen. Fertig? Bilde jetzt die Quersumme aus dem Ergebnis! Wie lautet die Quersumme?«

Der Onkel rechnet noch ein bisschen hin und her und sagt schließlich: »18.« »18«, wiederholt Freddy und fährt fort: »Die Quersumme von 18 ist 9.«

Freddy legt die Hände vor seine Augen, grübelt eine Weile und tut sehr geheimnisvoll. Dann sagt er auf einmal: »Ansgerber, Wilhelm, Angestellter, Kirchgasse 8, Telefon 27434.« Onkel Gustl versteht nicht, was das sein soll: »Was redest du denn da? Wie kommst du denn auf

Tips für Könner

Diesen Trick kannst du natürlich noch spannender machen, indem du dir die besagten Stellen aus mehreren Büchern einprägst und deinen Zuschauer eines der Bücher auswählen lässt. Auch wenn du die Vorhersage schon auswendig kennst, solltest du nicht wie aus der Pistole geschossen antworten. Alles sollte geheimnisvoll und spannend sein.

Du brauchst
1 Notizblock,
1 Bleistift

den Ansgerber Willi?« »Wieso ich«, wehrt Freddy ab, »das sind doch deine Zahlen: 18 und 9. Hol mal das Telefonbuch und schlag Seite 18 auf! Lies bitte den neunten Namen von oben! Was steht da?«
Onkel Gustl blättert und sucht. Dann schlägt er die Hände zusammen und ruft: »Tatsächlich, der Ansgerber Willi in der Kirchgasse 8, und die Telefonnummer stimmt ja auch! Das ist aber seltsam. Erst neulich bin ich an seinem Haus vorbeigekommen und habe mir noch gedacht, wie es ihm wohl geht, weil ich ihn so lang nicht mehr gesehen habe.«

Wie macht er das?

Die Rechenaufgabe hat Freddy in der Geschichte ja schon sehr genau erklärt.
Was allerdings keiner weiß: Es kommt bei dieser Rechnung immer dasselbe Ergebnis heraus, egal, welche Zahlen der Zuschauer aufschreibt. Deshalb kann der Trick auch nur einmal gezeigt werden.
Da Freddy also die Zahlen 18 + 9 schon vorher kennt, kann er sich die entsprechende Seite aus dem Telefonbuch heraussuchen und auswendig lernen.

Auch wenn du das Ergebnis schon vorher weißt, sollte die Rechnung des Zuschauers nicht fehlerhaft sein. Entdeckt das nämlich jemand, wird vielleicht eine Wiederholung gewünscht, die du vermeiden solltest.

Zahlenbeispiele:

Ausgewählte Zahl	103	657	273
Umgekehrte Zahl	301	756	372
Die kleinere Zahl			
von der	301	756	372
großen abziehen	− 103	− 657	− 273
	198	099	099
Quersumme	1+9+8=18	9+9=18	9+9=18
Quersumme	1+8= 9	1+8= 9	1+8= 9

Psychotest mit Onkel Gustl

Freddy hat eine kleine Dose voll Münzen und klimpert in einem fort damit herum. Bald wird es dem Onkel zu viel. »Hör doch endlich mit dem dämlichen Geklimper auf! Sag mir lieber, was du willst!« Freddy hebt theatralisch beschwichtigend die Hände: »Onkel Gustl! Verzeihung, aber du bist ein interessanter und rätselhafter Mensch. Ich möchte gern einen Psychotest mit dir machen.« »Au ja, das ist gut. Das ist mal was anderes als immer nur zaubern!«, ruft der Onkel. Freddy grinst nur und legt sechs Münzen und die geschlossene Dose auf den Tisch.

Jetzt beginnt Freddy mit dem Test: »Onkel Gustl, lege bitte drei Münzen auf die Seite!« Der Onkel tut es, und Freddy fährt fort: »Suche dir eine von diesen drei Münzen aus!« Der Onkel tut es, und Freddy legt auch diese Münze zur Seite. Jetzt sagt Freddy: »Es sind noch zwei Münzen. Entscheide dich für eine davon!« »Die da«, sagt Onkel Gustl und zeigt auf das Markstück. »Ich sehe«, sagt Freddy, »du hast das Markstück gewählt!« Nun öffnet Freddy die Dose: Zum Vorschein kommt eine weitere Münze: ein Markstück. Mit nachdenklichem Gesicht erklärt Freddy: »Siehst du, Onkel, bei deinem Charakter war es ja klar, dass es das Markstück sein muss. Du bist halt einer, der nie genug kriegen kann.« Onkel Gustl ist begeistert und ruft gleich die Tante herbei: »Rosi, der Freddy hat einen Test. Er kann dir ganz genau sagen, was für einen Charakter du hast.« Jetzt unternimmt Freddy dasselbe Spiel mit Tante Rosi. Die Tante entscheidet sich am Ende für den Pfennig – und tatsächlich lässt Freddy diesmal ein Pfennigstück aus der Dose erscheinen. Dazu erklärt er: »Tante Rosi, du hast in deinem Leben gelernt, mit wenig zufrieden zu sein. Darum achtest du auch auf so kleine Dinge wie diesen Pfennig. Das hast du mit diesem Test klar bestätigt.«

Tips für Könner

Anstelle der Münzen kannst du auch Perlen, Spielkegel oder Chips in sechs verschiedenen Farben nehmen; dann ist es ein »Farbtest«. Als Dosen eignen sich sehr gut die Filmdöschen vom Fotohändler. Du kannst dieses Kunststück auch mit sechs verschiedenen Spielkarten durchführen. Statt der Dose kannst du dann deinen Zauberhut nehmen, den du mit einem Tuch abdeckst.

Wie macht er das?

Was Freddy mit dem Onkel getan hat, nennt man unter den Zauberkünstlern die »gezwungene Wahl«. Der Zuschauer wird in dem Glauben gelassen, er könne sich frei entscheiden; tatsächlich ist es aber der Zauberer, der alle Entscheidungen des Zuschauers so verwertet, wie er es gerade brauchen kann.

Freddy hat von jeder Münze zwei Stück. Die eine Serie mit sechs Münzen legt er auf den Tisch, und von den anderen steckt er irgendeine in die Dose. Beim nun folgenden »Test« muss er es immer so hindrehen, dass die Testperson am Ende gerade die Münze vor sich hat, deren Doppel sich in der Dose befindet. Das geht so: Freddy legt vor dem Test das Markstück in die Dose. Der Onkel legt drei der sechs Münzen zur Seite. Freddy schaut, bei welchen dreien das Markstück geblieben ist, und macht dann mit diesen drei Münzen weiter. Nach der folgenden Aufforderung nimmt der Onkel eine der drei Münzen weg. Wenn er gleich das Markstück erwischt, ist der »Test« zu Ende, und Freddy kann jetzt schon die Dose öffnen. Greift der Onkel eine andere Münze, sagt Freddy »Sehr schön« und nimmt sie dem Onkel ab. Jetzt liegen noch zwei Münzen auf dem Tisch. Nun ist es egal, auf welche der Onkel zeigt. Zeigt er auf das Markstück, kann Freddy die Dose öffnen. Zeigt Gustl auf die andere Münze, sagt Freddy »Sehr schön« und schiebt sie ganz beiläufig zu den übrigen schon ausgeschiedenen Münzen. Jetzt ist nur noch das Markstück da.

Die verrückte Flasche

Heute ist Herrenrunde bei Onkel Gustl. Freddy will sich nützlich machen, packt einen Flaschenöffner, drei Bierflaschen und drei Gläser auf ein Tablett und trägt es ins Wohnzimmer. »Bitte schön, die Herrschaften!« Aber oho! Was ist denn das? Als Freddy die dritte Flasche öffnet, will ein schwarzer Stab heraushüpfen. Jetzt schlüpft er wieder in die Flasche. Und jetzt tanzt er gar wie verrückt im Flaschenhals auf und nieder. Endlich springt er mit einem Satz heraus und in die Luft. Schnell schnappt Freddy mit der Hand danach und hält ihn fest. Dann schiebt er den Stab in die Hosentasche. »Verzeihung, ich weiß auch nicht, was mit der Flasche los ist.«

Wie macht er das?

Freddy braucht hierzu eine Bierflasche, den Zauberstab, einen Kronenkorken (Bierflaschenverschluss) und einen dünnen Perlonfaden. Den befestigt er an einem Ende des Zauberstabes. Das andere Ende muss er an seinem Hosenbund befestigen. Den Zauberstab mit dem Ende, an dem der Perlonfaden befestigt ist, steckt Freddy nach unten in die leere Bierflasche. Den Kronenkorken muss Freddy natürlich vorsichtig auf die Flasche drücken, damit der Perlonfaden nicht beschädigt wird. Die so präparierte Flasche mit den zwei normalen Flaschen zusammen, stellt Freddy nun auf das Tablett. Beim Tragen und Abstellen muss er allerdings gut darauf achten, dass die unsichtbare Verbindung zu seinem Körper nicht zu straff wird, damit die Flasche nicht vom Tablett fällt. Wenn Freddy nun das Tablett abstellt, die Flaschen geöffnet hat, kann er durch kleine Bewegungen mit seinem Körper den Zauberstab hoch hüpfen und zum Schluss dann mit einem kräftigen Ruck aus der Flasche herausspringen lassen.

Tips für Könner

Besorge dir einen hölzernen Rundstab mit 1 cm Durchmesser (das gibt es als Meterware im Baumarkt). Säge ihn auf etwa 30 cm Länge, dann bemale oder lackiere ihn schwarz oder umwickle ihn mit schwarzem Klebeband! Manchmal ist es gut, einen hohlen Zauberstab zu haben; für diesen Fall kannst du ein Aluminiumrohr besorgen und schwarz ummanteln! Wenn es nur ums Tanzen in der Flasche geht, ist aber auch schon ein schöner langer Bleistift gut genug.

Du brauchst

3 leere Bier- oder Saftflaschen,
1 Zauberstab,
1 Kronenkorken,
1 Perlonfaden, 1,5 m lang,
1 Tablett,
1 Flaschenöffner

Zaubereien für geschickte Finger

Heute ist ein ganz besonderer Tag. Schon früh am Morgen hat sich Onkel Gustl fein gemacht, ein gestärktes Hemd angezogen und die graue Anzughose, die Schuhe geputzt und das Haus verlassen. Als er zurückkommt, hat er einen großen Blumenstrauß dabei, den er auf den Frühstückstisch stellt. Dann kocht er Kaffee, und nachdem er den Tisch gedeckt hat, ruft er mit vor Verlegenheit etwas knarrender Stimme nach Tante Rosi.
Nach einer Weile geht die Tür auf, und eine völlig überraschte Tante Rosi bleibt auf der Schwelle stehen. »Was ist denn hier los!«, ruft sie.
»Äh, ja«, meint Onkel Gustl unbeholfen, »wir haben heute Hochzeitstag, den 30. Hochzeitstag. Erinnerst du dich?« Und er zeigt auf den Ring an seinem Finger.

»Natürlich«, strahlt Tante Rosi und will ihren
Ring aus der Schmuckschale auf der Kommode
nehmen. Aber da ist kein Ring. »Gerade heute
muss er verschwinden«, jammert sie, während sie
und Onkel Gustl auf allen vieren auf dem Teppich
herumkriechen. Da kommt Freddy herein und
fängt bei dem Anblick an, schallend zu lachen.
»Hör auf und hilf uns lieber beim Ringsuchen«,
raunzt Onkel Gustl. »Aber den hab ich doch«,
sagt Freddy, zieht ihn aus der Tasche, und noch
ehe die beiden so richtig ärgerlich werden können, zaubert er ihnen ruck, zuck etwas vor.
So schnelle Finger und so viel Geschicklichkeit
haben sie noch nie gesehen. Dass Freddy das
lange und mit viel Geduld geübt haben muss,
bis es so überzeugend klappt, das sehen sie und
sind so überaus beeindruckt.
Zaubertricks mit kleinen Gegenständen erfordern
in der Tat einiges an Durchhaltevermögen,
Konzentration und Geschicklichkeit, weshalb
die Übungen in diesem Kapitel eher für größere
Kinder ab etwa zehn Jahren geeignet sind.

Das Markstück aus dem Apfel

Tips für Könner

Mit diesem Trick lassen sich herrliche Sachen anstellen. Du kannst z. B. auch einen billigen Ring in das Tuch einnähen. Dann bittest du deine Mutter, deine Lehrerin oder ein Mädchen um ihren Fingerring, lässt ihn in deinem Tuch verschwinden und zauberst ihn wieder aus dem Apfel hervor. Oder du gibst deinem Partner einen kleinen Zettel. Er darf seine Unterschrift darauf setzen oder irgendeine Zahl oder ein Wort, und dieser Zettel erscheint am Ende wieder aus dem Apfel.

Freddy sitzt mit dem Onkel im Wohnzimmer. Auf dem Tisch liegen ein paar schöne rote Äpfel. Onkel Gustl blättert in der Programmzeitung, und Freddy betrachtet einen Spielzeugkatalog.

Da sagt Freddy: »Eine Mark fehlt noch. Wenn ich nur eine Mark mehr hätte, dann könnte ich den Zirkuswagen kaufen.« »Hm. Ja«, brummt der Onkel; er hat wohl gar nicht zugehört. Freddy muss es noch einmal probieren. »Weißt du, Onkel Gustl, manchmal kann man schon mit einer Kleinigkeit einem Kind eine große Freude bereiten …« »Ist schon recht«, sagt der Onkel endlich und holt ein Markstück aus dem Geldbeutel. Freddy bedankt sich überschwänglich.

Dann zieht er ein Tuch aus der Tasche und reibt damit das Markstück blank. Dabei stößt er aus Unachtsamkeit einen Apfel vom Tisch. »Oh«, ruft er und reicht dem Onkel das Tuch mit dem Geldstück. »Halte es bitte mal fest! Pass aber auf, dass die Mark nicht herausfällt!« Dann bückt er sich, hebt den Apfel auf und legt ihn wieder auf den Tisch. Im nächsten Moment packt Freddy das Tuch und reißt es dem Onkel aus der Hand. »Wo ist das Markstück?« Der Onkel schaut betreten um sich. Eben hat er es noch in der Hand gespürt, und jetzt ist es spurlos verschwunden. Dann legt er los: »Da bist du selbst schuld. Noch eine Mark gebe ich dir nicht. Schau nur zu, dass du die Mark wieder findest!« »Schade«, sagt Freddy bekümmert und blickt suchend um sich. Dann kommt ihm ein Einfall: »Vielleicht ist das Geld hier in einem Apfel versteckt.« »Wo bitte soll die Mark sein?« Der Onkel glaubt, sich verhört zu haben. Freddy nimmt unterdessen einen Apfel und schneidet ihn mitten entzwei. Es ist kaum zu fassen: Tatsächlich findet sich das Markstück im Apfel wieder. Jetzt ist der Onkel wirklich sprachlos.

Wie macht er das?

Für diesen Trick hat sich Freddy gründlich vorbereiten müssen. Tante Rosi hat ihm dabei geholfen und auch versprochen, dem Onkel kein Wort davon zu erzählen. Sie hat ein großes Taschentuch genommen und ein Markstück in eine Ecke des Tuches eingenäht(siehe Abb. 1). Darauf hat Freddy mit seinem Taschenmesser am Apfelstiel eine Kerbe herausgeschnitten. Diese Kerbe reicht bis in die Mitte des Apfels (siehe Abb. 2). So vorbereitet, bittet jetzt Freddy seinen Onkel um ein Markstück. Er bedankt sich und poliert dieses Markstück mit seinem Tuch. Dann reicht er das Tuch seinem Onkel, und zwar so, dass dieser das eingenähte andere Markstück zu fühlen bekommt. Das Markstück des Onkels behält Freddy aber in seiner Hand und drückt es jetzt unbemerkt in den Schlitz des Apfels hinein. Dann reißt er dem Onkel überraschend das Tuch aus der Hand und schüttelt es aus. Das eingenähte Markstück kann nicht herausfallen, und so glaubt der Onkel, das Geld sei plötzlich verschwunden. Nun schneidet Freddy den Apfel entzwei (quer zum Apfel – siehe Abb. 3). Das – angeblich verschwundene – Markstück ist auf einmal wieder da.

Du brauchst
1 Apfel,
1 Messer,
1 Tuch ca. 40 x 40 cm,
Nadel und Faden,
1 Markstück
(Fingerring, Zettel o.Ä.)

Der Streit um die Zahnstocher

Freddy sitzt am Küchentisch und legt mit den Zahnstochern des Onkels ein schwieriges Muster aus Quadraten,
Rechtecken, Rauten und Sechsecken. Wenn er kürzere
Stückchen braucht, bricht er einfach die Zahnstocher in
zwei Teile.

Onkel Gustl kommt herein: »Was machst du denn da
wieder für einen Unfug? Du zerbrichst mir die Zahnstocher aus purer Langeweile. Ist dir eigentlich klar, dass so
ein Zahnstocher aus Holz ist und dass dafür ein Baum
gefällt werden musste? Die Teile kannst du jetzt auf den
Müll werfen.«

Jetzt mischt sich auch noch Tante Rosi ein: »Gustl, jetzt
lass doch den Buben mit den Hölzchen spielen! Sind wir
denn so arm, dass wir uns keine Zahnstocher mehr kaufen können?« Aber der Onkel will nicht nachgeben:
»Es geht nicht um das Kaufenkönnen, sondern um das
Kaputtmachen aus Langeweile und Blödsinn! Das muss
man den Kindern von heute einmal deutlich sagen.«

Um den Frieden zu retten und vor allem um den Onkel
ein wenig von seinem Zorn abzulenken, holt Freddy ein
Tuch herbei und sagt zu Onkel Gustl: »Pass auf! Ich
zeige dir, wie man die Zahnstocher wieder reparieren
kann.«

Freddy breitet das Tuch auf dem Tisch aus und legt
einen ganzen Zahnstocher darauf. Dann knüllt er das
Tuch zusammen, hält es dem Onkel hin und sagt:
»Fühl mal, ob du den Zahnstocher im Tuch findest!«
Der Onkel tastet ein bisschen herum, dann fühlt er den
Zahnstocher und nickt mürrisch.

»Du kannst ihn ruhig zerbrechen«, sagt Freddy. Der
Onkel will gleich wieder wütend werden, besinnt sich
jedoch und zerbricht widerwillig den Zahnstocher im
Tuch. Gleich darauf wedelt Freddy mit dem Tuch durch
die Luft. Der Zahnstocher fällt auf den Tisch; aber er ist

nicht zerbrochen, sondern es ist ein schöner unversehrter Zahnstocher. Tante Rosi lacht, klatscht Beifall, und nach einigem Zögern und unwilligem Stirnrunzeln lacht auch der Onkel Gustl.

Wie macht er das?

Das ist wieder ein ganz leichter Trick. Freddy muss dazu ein Taschentuch vorbereiten. An einer Seite näht er (oder die Tante) den Saum so um, dass er einen Zahnstocher darin verstecken kann (siehe Abb.) Mit dem so präparierten Tuch kann der Zauberspaß beginnen. Freddy legt also vor den Augen des Onkels einen zweiten unversehrten Zahnstocher auf das ausgebreitete Tuch. Dann knüllt er es zusammen, hält es dem Onkel hin, gibt es jedoch nicht aus der Hand. Der Onkel fühlt jetzt mit den Fingern den eingenähten Zahnstocher. Den anderen kann er nicht fühlen, weil Freddy ihn, umhüllt vom Tuch, mit der Hand umfasst. Jetzt darf der Onkel den (eingenähten) Zahnstocher zerbrechen. Wenn Freddy darauf das Tuch durch die Luft wirbelt, fällt der unversehrte Zahnstocher heraus; der zerbrochene bleibt eingenäht in seinem Versteck.

Du brauchst
1 Tuch ca. 40 x 40 cm, oder Herrentaschentuch, einige Zahnstocher, Nadel und Faden

Onkel Gustls wundersamer Zylinderhut

Tips für Könner

Gründlich üben, am besten vor einem Spiegel, und erst vorführen, wenn du sicher bist! Einen schönen Effekt gibt es, wenn du eine Kugel hast, die sich öffnen lässt, z. B. Kinderüberraschungseier. Oder du füllst die Kugel mit Konfetti und öffnest sie später unauffällig, so dass am Ende die Konfetti im Hut zu bewundern sind.

Ein stattlicher Herr im schwarzen Frack und mit dem Zylinderhut in der Hand tritt in die Stube. »Wie sehe ich aus?«, fragt er und stellt sich in Positur. Tante Rosi schaut nur kurz auf und sagt: »Wie ein alter Totengräber.« »Blödsinn«, ruft Onkel Gustl empört und stellt den Zylinderhut auf den Tisch, »ich bin der reiche Viehhändler Schorsch Ochsenmaier und heirate die schöne Tochter des Barons Waldemar von Hungertuch. Heute Abend ist die Hauptprobe, und es wird ein Riesenerfolg zum 150. Jubiläum von unserem Musik- und Theaterverein.« Inzwischen hält Freddy schon den Zylinderhut in der Hand und betrachtet ihn von allen Seiten: »Das ist ja ein echter Zylinder! Passt mal auf.« Mit diesen Worten stellt Freddy den Hut auf den Tisch, so dass die Öffnung oben ist. Dann zieht er ein schwarzes Tuch heraus und breitet es sorgfältig über dem Hut aus. Er hält das Tuch an den Ecken hoch, faltet es zusammen – und holt auf einmal eine Kugel aus dem Tuch heraus. Freddy legt die Kugel in den Hut hinein und beginnt wieder mit dem Tuch. Gleich darauf holt er schon die zweite Kugel aus dem schwarzen Tuch heraus. Auch diese wandert in den Zylinderhut hinein. Nach der dritten Kugel wird der Onkel ungeduldig: »Jetzt ist es aber genug. Nimm die Kugeln raus und gib mir meinen Hut!« »Welche Kugeln?« »Tu doch nicht so! Du hast doch eben drei Kugeln in meinen Hut getan.« Er greift nach dem Hut und schaut hinein und staunt nicht schlecht, als er nichts anderes im Hut sieht als eine Handvoll Zahnstocher.

Wie macht er das?

Für diesen Trick braucht Freddy außer einem Herrenhut und ein paar Zahnstochern einen Tischtennisball oder eine entsprechend große Kugel aus Plastik oder Holz, die an einem etwa 20 cm langen Perlonfaden festgeklebt ist, und ein dunkles Tuch (30 x 30 cm). An einer Kante des Tuchs näht er den Perlonfaden mit der Kugel fest (Abb. l). Der große Zauber ist, dass Freddy aus einem vermeintlich leeren Tuch eine Kugel nach der anderen produziert. Zuerst zeigt er den leeren Hut. Dann zeigt er das »leere« Tuch, aber natürlich so, dass er die Kugel mit dem Faden in der geschlossenen Hand hält. Jetzt kommt das Schwierigste: Freddy wirft für alle sichtbar die Kugel in den Hut und gleich das Tuch hinterher (Abb. 2). Niemand darf dabei bemerken, dass beide mit dem Perlonfaden verbunden sind. Dann fasst er das Tuch an den Ecken der Seite, die mit dem Faden versehen ist. Er strafft das Tuch und hebt es aus dem Hut. So sieht niemand, dass die Kugel vom Tuch verdeckt mitwandert (Abb. 3). Das Tuch wird dann um die Kugel herum gefaltet, beim Auffalten wird sie präsentiert und wieder mit dem Tuch hinterher in den Zylinder geworfen. Diese Handgriffe wiederholt Freddy so oft er will und lässt die Zuschauer glauben, jedes Mal gelange eine neue Kugel in den Hut. Damit er am Ende die Zahnstocher im Hut vorzeigen kann, muss Freddy sie bereits vor Beginn der Vorführung unter dem Hutband festklemmen; durch leichtes Anheben des Hutbandes fallen sie von selbst in den Hut.

Du brauchst
1 Hut oder 1 Zylinder, Perlonfaden, ca. 20 cm, 1 Plastikei oder 1 Kugel von einem Überraschungsei, 1 dunkles, festes Tuch, 30 x 30 cm, Zahnstocher (Konfetti)

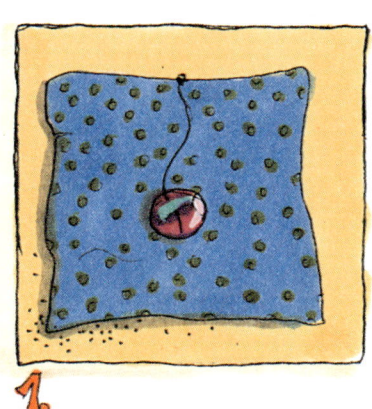

1.

2.

3.

Freddy fummelt im Dunkeln

Freddy fummelt unablässig mit einem Fingerring und einer Schnur herum. »Was probierst du denn in einem fort?«, will Tante Rosi wissen. »Ich will den Ring auf die Mitte der Schnur bringen, ohne dass ich ihn über das Ende einfädeln muss«, sagt Freddy. Onkel Gustl lacht: »Gib auf! Das kann doch gar nicht gehen. Kein Mensch kann einen Ring auf eine Schnur fädeln, ohne ihn über das Ende der Schnur zu ziehen. Du müsstest den Ring ja aufmachen, und dann ist es kein Ring.« Freddy lässt sich nicht entmutigen und bittet die Tante um eine Sicherheitsnadel und den Onkel um ein großes Taschentuch. Er breitet die Schnur aus und legt das Tuch darüber. Dann fummelt er mit dem Ring und der Sicherheitsnadel eine Weile unter dem Tuch herum. Auf einmal zieht er an den Enden der Schnur: Schwupp, fliegt das Tuch davon! Und was ist zu sehen? Der Ring ist einwandfrei auf der Schnur eingefädelt.

Wie macht er das?

Wenn Freddy unter einem Tuch herumfummelt, dann ist sicher etwas faul. Aber: Der Ring ist wirklich echt und die Schnur auch, davon kann sich alle Welt überzeugen. Natürlich ist ein Trick dabei, und der geht so: Zuerst legst du die Schnur der Länge nach vor dich auf den Tisch, daneben den Ring und die Sicherheitsnadel. Dann breitest du das Tuch über der Schnur aus, so dass auf beiden Seiten die Enden herausschauen. Unter dem Tuch greifst du nach der Mitte der Schnur, knickst sie um und schiebst sie, wie auf der Abbildung zu sehen ist, durch den Ring hindurch. Dann nimmst du die Sicherheitsnadel und schließt damit den unteren Teil der Schlaufe und das rechte Ende der Schnur zusammen. Jetzt drückst du den linken Zeigefinger durch die Schlau-

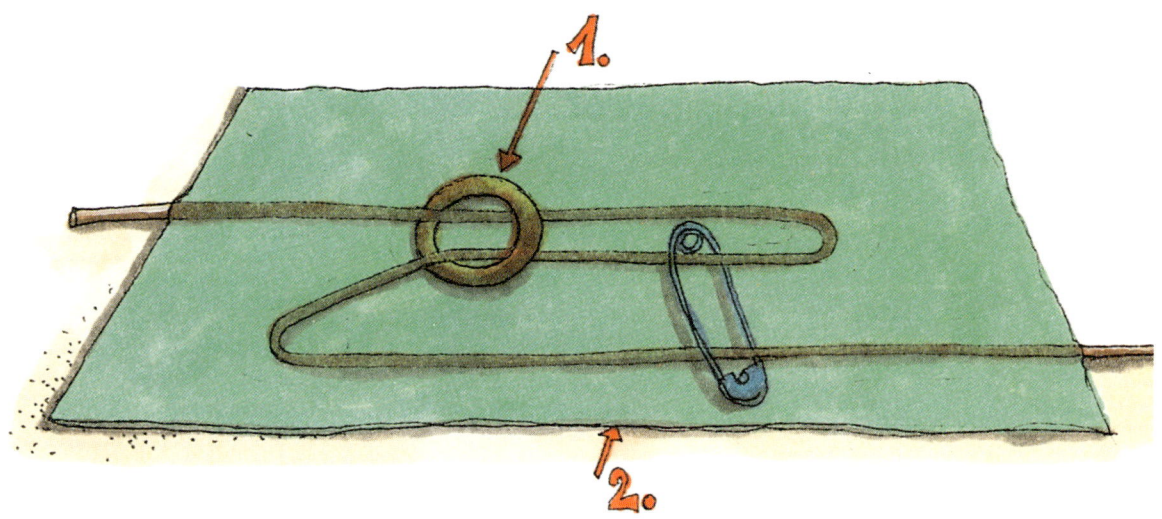

fe fest auf den Tisch und ziehst mit der rechten Hand das rechte Schnurende nach rechts hinaus.
Die andere Seite der Schnur saust dabei um deinen linken Zeigefinger herum. Wenn das linke Ende an der linken Hand angekommen ist, hältst du es fest und ziehst an beiden Schnurenden energisch nach oben. Das Tuch fliegt weg und gibt den Blick frei auf den eingefädelten Ring samt der eingeklemmten Sicherheitsnadel. Ganz wichtig ist, dass du die Sachen unter dem Tuch haargenau so anordnest, wie es das Bild zeigt.
Und: Üben, üben, üben ... und nebenher zur Ablenkung vielleicht eine kleine Geschichte erzählen.

Übrigens:
Onkel Gustl hatte schon recht, als er meinte, man könne den Ring nur über das Schnurende auffädeln. Aber es ist alles so schnell gegangen, dass er gar nicht bemerkt hat, wie das linke Ende der Schnur für einen kurzen Augenblick unter dem Tuch verschwand. Genauso wird es deinen Zuschauern ergehen.

Du brauchst
*1 Sicherheitsnadel,
1 Ring,
1 Kordel oder
1 Schuhband, ca. 1 m,
1 Hals- oder Kopftuch,
schön bunt*

Zaubereien mit Kordel und Strick

»Hilfe!«, schreit Onkel Gustl und kann sich gerade noch mit heftig rudernden Armen am Garderobenständer festhalten. Schwer atmend steht er da und ringt um Fassung, aber schon schimpft er los: »Beinahe hätte ich mir den Hals gebrochen oder zumindest das Bein. Und wieso liegt das hier herum?« Dabei deutet er auf ein Seil, das in wildem Durcheinander auf dem Boden liegt. In einer Schlaufe hatte sich sein Fuß verfangen.

Ganz besorgt kommt Tante Rosi aus der Küche.
»Ist dir was passiert?« Dann sieht sie das Seil.
»Das ist ja meine Wäscheleine! Ich habe sie schon
überall gesucht.« »Und weshalb wirfst du sie einfach auf den Boden?«, knurrt Onkel Gustl. »Aber
das war ich doch gar nicht«, beteuert sie. Auf
einmal taucht Freddy auf der Bildfläche auf,
schnappt sich kommentarlos das Seil und will gerade wieder verschwinden – da wird es dem Onkel
doch zu viel. »Du Lausebengel! Du bringst mich
noch um den Verstand! Gib sofort die Wäscheleine
her.« »Ach, Onkel Gustl, reg dich doch nicht auf.
Gleich bekommst du das Seil, aber zuvor zeige ich
dir noch etwas.« Onkel Gustl sollte tatsächlich
Freddy nicht allzu böse sein. Er hat das Seil
ja nicht absichtlich hingelegt. Und wenn er
sieht, was Freddy damit vollführt, wird er
gleich erkennen, wie viel feinmotorisches
Geschick, aber auch geplantes Vorgehen
die Tricks mit dem Seil erfordern.

Abstraktes Denken und Versuchsanordnungen,
wie sie Freddy später in der Schule lernen wird,
kann er hier schon mal spielerisch üben.

Tante Rosi und die Wäscheleine

Tips für Könner

Du kannst die Geschichte leicht
nachspielen. Jemand aus dem
Publikum ist Tante Rosi, und zwei
Zuschauer sind Pfosten und halten
die Enden der Wäscheleine fest.

Heute ist Großwaschtag. Tante Rosi hängt ihre herrlich
saubere Wäsche auf die Leine. Freddy sitzt dabei und
schaut zu. Als die Tante fertig ist, sagt er: »Warum lässt
du denn die halbe Leine frei?« »Weil ich sie nicht brauche. Ich bin fertig.« »Aber wenn du nur die halbe Leine
brauchst, dann kannst du mir doch die andere Hälfte geben.« »Was willst du denn damit anfangen?« Freddy
steigt auf den Stuhl, nimmt die Wäscheleine in die Hand
und untersucht sie genau. Auf einmal zieht er eine Schere hervor. »Nicht abschneiden«, kreischt Tante Rosi und
lässt vor Schreck den Wäschekorb fallen. Aber da ist es
schon passiert. Freddy hat die Leine mitten entzweige-
schnitten. Noch hält er aber beide Enden in der Hand
zusammen. »Nicht loslassen«, schreit die Tante und will
ihre schöne Wäsche retten. Freddy steckt unterdessen
ganz ruhig die Schere wieder ein. Er reibt sich vergnügt
die Hände, lacht, und die Wäsche hängt an der unversehrten Leine. Tante Rosi macht große Augen.

Wie macht er das?

Freddy hat schon vorher etwa 8 cm von der Wäscheleine abgeschnitten. Er hat daraus eine Schlaufe geknotet und hält diese in der linken Hand verborgen (Abb. 1). Dann geht er zur Wäscheleine und umfasst sie mit der linken Hand. Er tut so, als zöge er ein Stück der Leine zwischen den Fingern der linken Hand hervor. Tatsächlich hat Freddy aber die versteckte Schlaufe hervorgezogen, so dass sie oben zwischen seinen Fingern hervorschaut (Abb. 2). Diese Schlaufe hat er mit der Schere zerschnitten (Abb. 3). Dann hat er die Schere wieder eingesteckt.

Jetzt muss er warten, bis sich Tante Rosi so richtig aufregt und die Spannung besonders groß ist. Dann kann Freddy die unversehrte Leine wieder freigeben. Er nützt das Durcheinander, das entsteht, als Tante Rosi rasch herbeispringt und die Wäsche retten will, um die zerschnittene Schlaufe aus der linken Hand verschwinden zu lassen. Ist die Wäscheleine sehr dick oder sind die Hände des Zauberers noch klein, eignet sich eine dünnere Schnur besser. Zu diesem Zweck reibt Freddy sich die Hände und steckt sie dann samt der Schlaufe in die Tasche.

Du brauchst
1 Schere,
1 Zauberseil,
1 m Wäscheleine
oder normale Schnur,
einige Wäschestücke,
Wäscheklammern

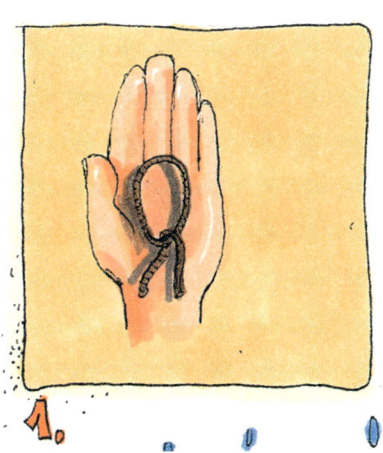

1.   2.   3.

Onkel Gustl und der Birnbaum

Je naiver und unschuldiger Freddy tut, während er den Strick auseinander schneidet, desto wütender wird der Onkel auf den »dummen Buben«.

Onkel Gustl will einen schwer herabhängenden Ast hoch oben im Birnbaum anbinden. Er schickt Freddy nach einem Strick und stellt im Garten die Leiter an den Baum. Als Freddy mit dem Strick zurückkommt, steht der Onkel auf der zweiten Sprosse der Leiter und schaut besorgt hinauf. Er wiegt den Kopf hin und her und meint: »Aufpassen muss man natürlich schon; man ist schließlich nicht mehr der Jüngste.« »Vielleicht solltest du dich mit einem Seil sichern«, schlägt Freddy vor, »die Bergsteiger tun das immer.« Mit diesen Worten schneidet er auch schon den Strick in seiner Hand mitten auseinander. »Siehst du, jetzt hast du einen Strick zum Sichern und einen für den Ast.« »Hör auf«, ruft der Onkel unwillig, »ich habe mich noch nie gesichert. Aber du, du hast mir jetzt den Strick verpfuscht. Ich will einen langen, nicht zwei kurze Stricke!«

»Das ist kein Problem«, antwortet Freddy. Er knotet die beiden Stricke in seiner Hand zusammen und reicht sie dem Onkel. Der ist aber immer noch nicht zufrieden: »Ich will keine Flickschusterei. Ich will einen schönen langen Strick ohne Knoten.« »Auch gut«, sagt Freddy und wickelt den zusammengeknoteten Strick um seine Hand. Er greift in die Tasche, holt ein Stück Kreide heraus und drückt sie gegen den Strick in seiner Hand. Dann zählt er langsam bis drei und lässt gleich darauf den aufgewickelten Strick von der Hand gleiten.

Jetzt ist der Strick plötzlich wieder ganz und unversehrt. Sosehr der Onkel den Strick auch untersucht, von einer Schnittstelle oder einem Knoten ist nichts zu sehen. Kopfschüttelnd wirft er den Strick über die Schulter und steigt zwei weitere Sprossen der Leiter hinauf. Auf einmal steigt er wieder herab. Er überreicht Freddy den Strick und sagt: »Freddy, steig hinauf und binde den Ast an! Ich halte die Leiter fest.«

Wie macht er das?

Hierzu braucht Freddy einen etwa 2 m langen Strick, eine Schere und Zauberkreide oder Zaubersalz, einen Salzstreuer, etwas Salz und ein bisschen Knetwachs mit dem er die Löcher zumacht.
(Wenn du im Kaufhaus einen Scherzsalzstreuer mit einer Quiekstimme findest, ist es natürlich noch viel besser.)

Das Zaubersalz versteckt er vorher in seiner rechten Hosentasche. Den Strick muss Freddy mit der linken Hand zwischen Daumen und Zeigefinger hochhalten; dabei soll das obere Ende des Stricks etwa 5 cm überstehen (Abb. 1).

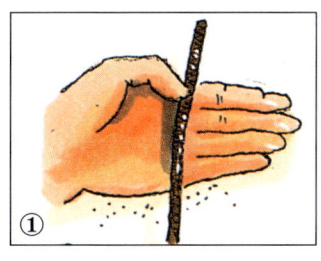

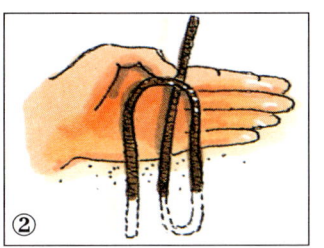

Mit der Rechten muss er den herunterhängenden Strick etwa in der Mitte fassen und in die linke Handfläche führen, so dass eine Schlaufe entsteht, und sie dann festklemmen (Abb. 2).

Zum Lernen eignet sich eine dünne Schnur besser als ein dickes Seil.

Gleichzeitig muss Freddy das in der Mitte herunterhängende Ende des Stricks (Abb. 3, Symbol x) über die linke Handfläche nach oben bringen.

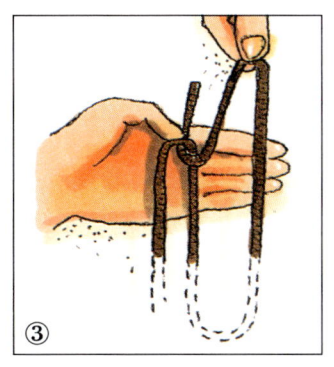

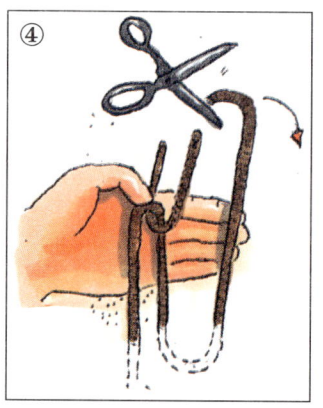

Jetzt schneidet Freddy die Schlaufe über der linken Hand ab (Abb. 4, bei Symbol x) und gibt damit das dabei entstehende lange Ende nach unten frei.

Dabei muss er darauf achten, dass die Schlaufenverbindung weiter hinter der linken Hand versteckt bleibt.

Nun muss er noch die kurzen Enden a und b um den langen Strick (Abb. 5) miteinander verknoten – und zur Sicherheit doppelt.

Darauf kann er den Strick mit dem Knoten offen dem Zuschauer zeigen. Freddy wickelt den Strick jetzt um die linke Hand, bis der Knoten in der rechten Hand ankommt.

Alle Zaubertricks mit Kordel und Strick erfordern abstraktes Denken und eine genaue Versuchsanordnung. Das kann Freddy auch in der Schule brauchen.

Beim Weiterwickeln muss er den Knoten am Strick entlang abziehen, so dass er am Schluss allein in der rechten Hand verbleibt.

Jetzt steckt er die rechte Hand in die Tasche, um dort unauffällig den Knoten mit dem Zaubersalz zu vertauschen.
Wenn er nun noch den aufgewickelten Strick mit dem Zaubersalz behandelt, präsentiert sich der Strick nach dem Abwickeln dem Zuschauer in unversehrtem Zustand.

Der Einhandknoten

»Ich wette mit euch, dass ich einen Knoten machen kann, nur mit einer Hand«, sagt Freddy zu Onkel Gustl und Tante Rosi. Das sei unmöglich, meinen die beiden und nehmen die Wette an.

Der Wetteinsatz: Verliert Freddy, muss er das Kaffeegeschirr vom Nachmittag abspülen. Gewinnt er dagegen, bekommt er ein eigenes Kartenspiel für seine Zaubertricks. Freddy nimmt ein Seil, legt es sich um die Hand, lässt es schwingen, und ruck, zuck hält er es mit den Fingern, das Seil rutscht von der Hand, und der Knoten ist fertig. Das Kartenspiel ist gwonnen.

Wie macht er das?

Freddy legt ein langes Seil über seine ausgestreckte rechte Hand. Das linke Ende, das am Daumen herunterhängt, ist ungefähr 20 bis 25 cm lang (Abb. 1). Nun bringt er dieses Ende durch Schwingungen in Bewegung, um es mit den Fingerspitzen aufzufangen (Abb. 2). Gleichzeitig, wenn er das Ende mit seinen Fingerspitzen festhält, lässt er die Schlaufe, die über seiner Hand liegt, nach vorn über die Fingerspitzen und das festgehaltene Seilende herunterrutschen. Durch einen kräftigen Ruck an dem Seil hat er einen Knoten hineingezaubert, ohne die zweite Hand zu Hilfe genommen zu haben (Abb. 3).

Tips für Könner

Ganz allgemein eignen sich Seiltricks (wie hier der Einhandknoten oder wie unter »Freddy – der Supercowboy«) auch besonders gut als Lückenfüller zwischen zwei Tricks. Es verblüfft immer wieder, schnell mal ein Seilstück zur Hand zu nehmen, ein Lasso zu werfen oder viele Knoten aus der Luft zu zaubern.

Du brauchst
1 Seil, ca. 2 m lang

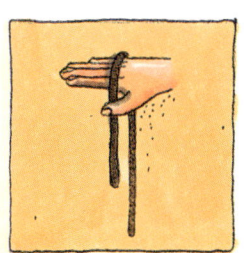 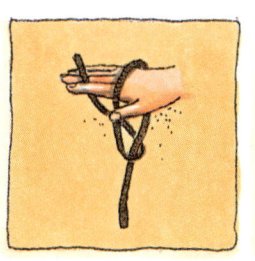 

①   ②   ③

Freddy, der Supercowboy

Natürlich ist hier etwas motorische Geschicklichkeit erforderlich, aber noch wichtiger ist es, die Schritte von 1 bis 4 richtig nachzuvollziehen.

Eines Abends liegt Freddy in seinem Bett und träumt von einem Superwildwestfilm, den er am Nachmittag im Fernsehen anschauen durfte. In diesem Wildwestfilm war ein Cowboy, der unglaublich geschickt mit einem Lasso umgehen konnte. Das will Freddy auch können. Er kramt in seiner Zauberkiste, holt ein Seil hervor und überlegt genau, wie der Cowboy im Fernsehen das mit dem Lasso gemacht hat.

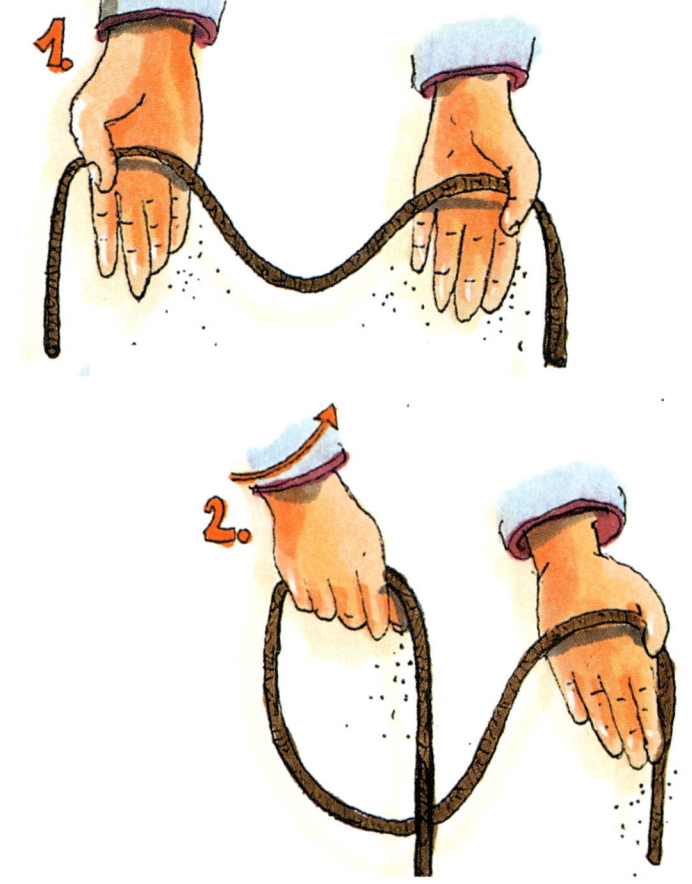

Wie macht er das?

Er nimmt das Seil in seine beiden Hände (Abb. 1).
Seine rechte Hand dreht er nun einmal herum (Abb. 2)
und legt – so festhaltend – das Seil in seine linke Hand
herüber (Abb. 3).
Diesen Vorgang wiederholt Freddy so oft, bis er am
anderen Seilende angekommen ist. Nun nimmt er das
herunterhängende Seilende mit der rechten Hand und
steckt es in die Mitte durch alle Schlaufen des Seils,
das er mit der linken Hand festhält, zwischen die Finger
seiner linken Hand (Abb. 4).
Dort hält er das Seilende zwischen seinen Fingern ganz
fest. Die Schlaufen, die er in der linken Hand gesammelt
hat, wirft er jetzt in hohem Bogen quer durch das Zimmer. Er zieht an dem Ende, das er immer noch zwischen
seinen Fingerspitzen festhält, und siehe da, es sind viele
Knoten in sein langes Seil gezaubert.

Du brauchst
1 Seil, ca. 2 m lang

Das Seil sollte nicht zu glatt
(z. B. mit Plastik überzogen),
aber auch nicht zu dick und rauh
sein. Es gibt auch Stricke,
in bunten Farben, also ideal für
einen richtigen Zauberer.

Das verhunzte Schuhband

Tips für Könner

Spiele oder erzähle die Geschichte
von Onkel Gustl und seinen
Schuhbändern! Wenn du zum
Zaubern richtige Schuhbänder
verwenden willst, achte darauf,
dass sie lang genug sind (mindestens 120 cm), und schneide
zuvor die eingefassten Enden ab!
Für Knoten- und Seiltricks
verwenden die Zauberer
üblicherweise spezielle Zauberseile
oder Kordeln in schönen Farben.
Die Knoten werden damit
besser sichtbar und sind auch
leichter zu lösen.

Heute ist Wandertag, und Onkel Gustl ist früh aufge-
standen. Fröhlich pfeifend öffnet er den Schuhschrank:
»Ja, was ist denn das? Jetzt hat mir der Bub die Schuhbänder verhunzt!« Zornig hält er in der einen Hand einen
Wanderstiefel und in der anderen ein Bündel von zer-
schnittenen und ineinander geschlungenen Schuhbändern. Wütend schreit er: »Kannst du mir sagen, wie ich
damit meine Stiefel binden soll?« »Ach, das kriege ich
schon wieder hin«, meint Freddy. Dann knotet er an den
Schuhbändern herum. Nach einer Weile präsentiert er
dem Onkel ein langes Schuhband, das aus drei Teil-
stücken besteht, die hintereinander zusammengeknotet
sind. »Ich will ein gescheites Schuhband und nicht so ein
verhunztes Knotenzeug«, schimpft der Onkel. »Wie du
willst«, meint Freddy und wickelt sich das Band um die
Hand. Dann zieht er Tante Rosis Salzstreuer aus der
Hosentasche, schüttet eine ordentliche Portion Salz auf
das aufgewickelte Schuhband und überreicht es dem
Onkel. Sieh da! Ein schönes, langes und vollkommen
unversehrtes Schuhband.

Wie macht er das?

Hier hat Freddy natürlich etwas präparieren müssen.
Zuerst hat er das Schuhband wie ein S geformt und auf
den Tisch gelegt (Abb. 1). Darin hat er die beiden kleinen
Schuhbandenden so eingefügt, wie es die Abb. 2 zeigt.
Und genau an den Verbindungsstellen hat er einen Kno-
ten gemacht. Jetzt sieht das fertige Bündel tatsächlich

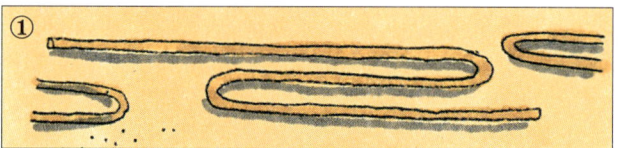

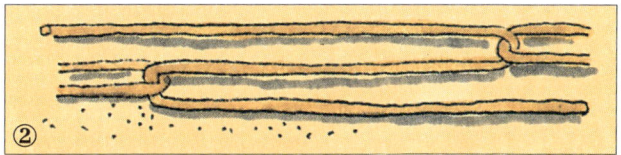

aus, als ob drei kleine Schuhbandstücke miteinander verknotet wären (Abb. 3). Beim Öffnen der beiden Knoten

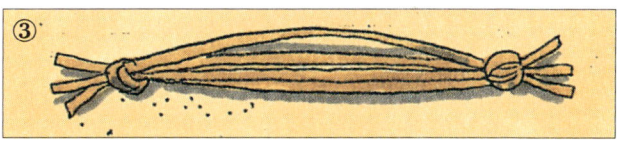

darf man die beiden kleinen Bandstücke nicht bemerken; deshalb hat Freddy beide Enden A und B sofort wieder

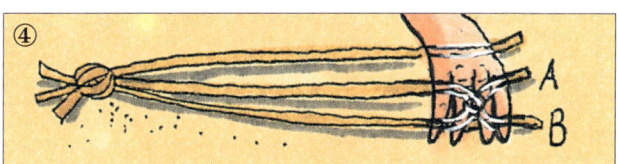

miteinander verknotet (Abb. 4), bevor er das Schuhband wieder loslässt. Nun kann er das Band mit zwei Knoten vorzeigen (Abb. 5). Beide Knoten lässt er verschwinden, indem er mit der rechten Hand das Band auf seine linke Hand wickelt. Wenn er den ersten Knoten in der rechten Hand spürt, muss er ihn festhalten, ohne Pause weiter-

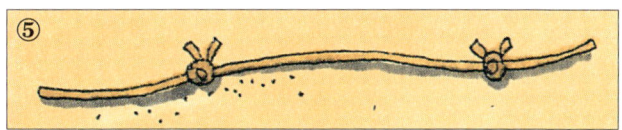

wickeln und dabei vom Schuhband abstreifen. So auch beim zweiten Knoten. Mit der rechten Hand, mit den beiden darin versteckt gehaltenen Knoten, greift Freddy in seine Hosentasche, lässt die beiden Knoten hineinfallen und holt das vorher versteckte Salz heraus.

Du brauchst
1 Schere,
2 Schuhbänder,
mindestens 120 cm lang

Bevor du mit diesem Trick beispielsweise deine Mutter überraschst, solltest du ihn wirklich gut einüben, sonst gibt es sicher Krach.

Zaubern mit Spielkarten

Heute geht es hoch her. Onkel Gustls Freunde sind da und lachen und schreien wild durcheinander. Sie schmettern die Karten auf den Tisch, dass Tante Rosi nebenan in der Küche richtig Angst bekommt.
Freddy will ihr helfen.
Er geht hinüber in die Stube und sagt: »Die Tante hat gesagt, wenn ihr euch nicht anständig aufführt, schickt sie euch hinunter in den Keller.« »Haha«, lacht Onkel Gustl, »wir sind anständige Kartenspieler und machen anständigen Lärm, damit man uns anständig hört.« Freddy grinst und setzt sich dazu. Eine Weile

schaut er dem Spiel zu, und als sie eine kleine Pause einlegen, fragt er: »Onkel Gustl! Darf ich auch mitspielen?« Die Herren lachen laut auf. Einer – sie nennen ihn Wimmersepp – nimmt Freddy am Arm und sagt: »Du hast ja keine Ahnung, wie schwierig das ist. Schau mal deinen Onkel an! Seit 23 Jahren spielt er mit uns, und er spielt immer noch wie ein Höhlenmensch aus der Steinzeit.« »Hoho!«, protestiert Onkel Gustl. »Das ist aber nicht anständig von dir, wo ich dir doch jedes Mal erklären muss, wie man die Spielkarten hält.« »Seht ihr«, ruft Freddy, »wenn ihr alle miteinander Anfänger seid, bin ich doch genau richtig hier. Schaut her! Ich zeige euch einmal, wie man mit Spielkarten richtig umgeht!« Schon hat er die Karten in der Hand und mischt sie so geschickt, dass den Herren der Mund offen stehenbleibt. Er fächert sie auf, schiebt sie zusammen, wirft eine Karte hoch, fängt sie auf, lässt sie im Stapel verschwinden, und das alles in einer unglaublichen Geschwindigkeit. »Ja«, meint Freddy, »nicht nur Klavierspieler und Revolverhelden haben schnelle Finger. Da muss man halt viel üben.«

Vier Asse

Mit diesem Kartentrick kann Freddy gleichzeitig testen, wie gut seine Zuschauer rechnen können.

Er lässt sich von einem Zuschauer eine Zahl zwischen 10 und 19 nennen (in unserem Beispiel die Zahl 13). Er hält sein Kartenspiel mit der Rückseite nach oben in der Hand und zählt nacheinander 13 Karten auf den Tisch. Dabei achtet er genau darauf, dass die 13 Karten in der abgezählten Reihenfolge liegen bleiben.

Sie dürfen nicht durcheinander fallen und müssen mit der Rückseite nach oben liegen. Als Nächstes lässt er sich die Quersumme von der eben genannten Zahl nennen (in unserem Beispiel $13 = 1 + 3 = 4$). Von den abgezählten 13 Karten zählt er nun von oben wieder 4 ab. Die ersten drei legt er auf das Kartenspiel zurück. Die vierte Karte legt er zur Seite, mit der Bildseite nach unten auf den Tisch.

Dieses Spiel wiederholt Freddy nun noch dreimal, indem er jedes Mal um eine andere Zahl zwischen 10 und 19 bittet. Zum Schluss dreht er die vier beiseite gelegten Karten um: Es sind die vier Asse.

Wie macht er das?

Du brauchst
1 Skatspiel

Dieser Trick funktioniert in der Tat mit einem ganz normalen Kartenspiel. Nur hat Freddy auch hier etwas vorbereiten müssen. Er hat neun Karten von seinem Kartenspiel abgezählt und die vier Asse aus dem Spiel herausgesucht. In folgender Reihenfolge hat er dann sein Kartenspiel sortiert: Zuerst werden die verbliebenen restlichen Karten mit der Rückseite nach oben auf den Tisch gelegt, dann die vier Asse und dann die abgezählten neun Karten ebenfalls mit der Rückseite nach oben darauf. Nun muss Freddy die Karten nur noch richtig abzählen und mit der Rückseite nach oben auf den Stapel legen.

Gerade und ungerade

Freddy hat in jeder Hand je eine Hälfte seines Karten-
spiels und bittet zwei Zuschauer, aus der ihnen hingehal-
tenen Hälfte je eine Karte herauszunehmen. Damit sich
die Zuschauer ihre gezogenen Karten in Ruhe anschauen
können, dreht Freddy sich diskret zur Seite. Dies nutzt
Freddy, um die beiden Kartenpäckchen gegeneinander
zu vertauschen. Jetzt lässt Freddy die gezogenen Karten
von den Zuschauern wieder in die Päckchen zurück-
stecken. Jeder Zuschauer darf »seinen« Kartenstapel
nehmen und kräftig durchmischen. Freddy lässt sich
nun nacheinander von seinen Zuschauern die Kartenpäckchen wieder geben, blättert sie kurz durch und zieht
sofort die von den Zuschauern gezogene Karte heraus
und zeigt sie vor.

Wie macht er das?

Geschwindigkeit ist keine Hexerei, sagt man. Aber dieser
Trick wirkt besonders gut, wenn er sehr zügig gezeigt
wird. Zur Vorbereitung hat Freddy ein Kartenspiel in
zwei Hälften sortiert. In einem Stapel liegen alle
geraden Karten, also 8, 10, Bube, König, im
anderen Stapel alle ungeraden Karten, also
7, 9, Dame, Ass. Er lässt nun aus jeder Hälfte
eine Karte ziehen.
Durch das Vertauschen der beiden Kartenpäckchen geraten anschließend die beiden
Zuschauerkarten jeweils in den falschen
Stapel. Das anschließende Mischen
ändert auch nichts an der Sache. Wenn
Freddy jetzt die beiden Kartenpäckchen
einzeln anschaut, sieht er sofort die
beiden »Eindringlinge« und kann sie
den Zuschauern schnellstens präsentieren.

Tips für Könner

Als weitere Varianten kann man
anstelle von geraden und
ungeraden Karten die schwarzen
Kreuz, Pik und die roten Herz,
Karo sowie alle Bilderkarten –
Bube, Dame, König, Ass – und
die Zahlkarten 7, 8, 9 und 10
voneinander trennen und sie als
Päckchen benutzen.

Du brauchst
1 Skatspiel

Freddy, das Superhirn

Das Kartenmischen, -auffächern und -abzählen muss zügig durchgeführt werden, dann sieht es richtig elegant und professionell aus.

Während die Kartenspieler und Onkel Gustl eine Verschnaufpause machen, sich gemütlich ein Glas Bier einschenken und Tante Rosi, die sich wieder beruhigt hat, auch dazukommt, leiht sich Freddy ihr Kartenspiel aus. Er lässt es von einem der Spieler gut durchmischen und eine Karte herausnehmen. Dann nimmt Freddy das Kartenspiel wieder an sich und macht wie immer ein höchst unschuldiges Gesicht.

Wenn er das Spiel in seiner Hand hat, dreht er sich um, damit der Mitspieler seine gezogene Karte den anderen zeigen kann, ohne dass Freddy sie sieht. Er fordert alle auf, sich die Karte gut einzuprägen und sie auf keinen Fall zu vergessen, was immer in den nächsten Minuten auch geschehen mag. Dann lässt sich Freddy die gezogene Karte unter das Spiel legen. Er hebt das Spiel mehrmals ab, legt die Karten der Reihe nach mit der Bildseite nach oben auf den Tisch und zählt dabei eins, zwei, drei usw. Dabei sagt er zu seinen Zuschauern: »Ich werde jetzt die Karten der Reihe nach in meinem Superhirn speichern.« Gleichzeitig bittet er seinen Zuschauer, sich die Nummer zu merken, die beim Abzählen seiner gedachten Karte zugeteilt wird.

Wie macht er das?

Du brauchst
1 Skatspiel

Während Freddy sich umdreht, schaut er sich die unterste Karte im Stapel an. Dies ist seine Leitkarte, denn danach kommt die vom Zuschauer gezogene.
Beim Auflegen muss er nun auf die Karte nach seiner Leitkarte achten.
Nachdem das Kartenspiel auf diese Weise durchnummeriert worden ist, fragt Freddy den Zuschauer nach der Nummer seiner Karte. Sofort sagt Freddy ihm dann, welche Karte er gezogen hat.

Die magische Sieben

Freddy legt einem Zuschauer drei Kartenpäckchen auf den Tisch (mit der Bildseite nach unten).
Er bittet ihn, sich auf eines der drei Päckchen zu konzentrieren. Gleichzeitig schreibt Freddy eine Vorhersage auf einen Zettel, faltet diesen zusammen und übergibt ihn seinem Zuschauer.

Hier müssen die Karten natürlich vorher unauffällig vorbereitet werden.

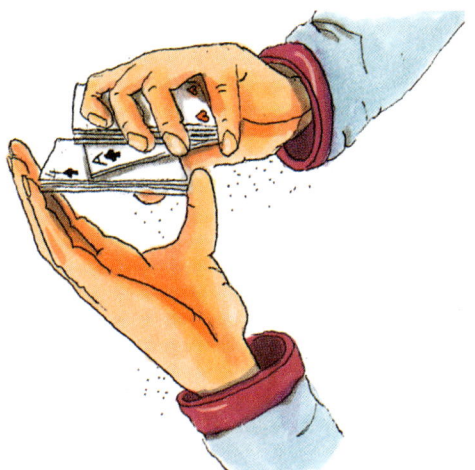

Nun lässt Freddy den Zuschauer sein Kartenpäckchen nennen, und siehe da, es stimmt mit Freddys Vorhersage überein.

Wie macht er das?

Freddy hat auf seinen Vorhersagezettel geschrieben:
»Du wirst das Siebenerpäckchen wählen.« Nun kann der Zuschauer sein Päckchen wählen. Egal, welches er auswählt, Freddy hat immer recht.
Im ersten Päckchen liegen eine Dame und ein König. Also vom Kartenwert eine 3 und eine 4, zusammen ist das 7.
Im zweiten Päckchen liegen alle vier Siebener, und im dritten Päckchen liegen sieben Bildkarten. Damit präsentiert Freddy in jedem Fall ein Kartenpäckchen, das er als das Siebenerpäckchen ausgeben kann. Natürlich muss er die Päckchen vorher präparieren.

Du brauchst
1 Skatspiel

Die wievielte Karte soll es sein?

Wichtig:

Die Zuschauer dürfen die

beiden Karten nicht zu lange

ansehen, sonst entdecken sie

den Schwindel.

Freddy hat aus seinem Kartenspiel zwei Karten herausgesucht. Die erste Karte ist Kreuz 7 und die zweite Karte Pik 8. Diese beiden Karten übergibt er einem Zuschauer mit der Bitte, sich Farbe und Zahl der beiden Karten gut zu merken und sie dann irgendwo ins Spiel wieder zurückzustecken. Dafür hält ihm Freddy das Kartenspiel aufgefächert hin.

Nachdem Freddy das Kartenspiel mit der Rückseite nach oben auf den Tisch gelegt hat, macht er ein paar geheimnisvolle Bewegungen mit seinem Zauberstab über dem Kartenspiel, murmelt seinen Spezialzauberspruch – »Schwuppdudidu« –, klopft zweimal mit seinen Fingern auf das Kartenspiel, nimmt die beiden obersten Karten herunter, und siehe da, die beiden mitten im Spiel versteckten Karten sind tatsächlich auf unerklärbare Weise nach oben gewandert.

Wie macht er das?

Du brauchst
1 Skatspiel

»Täuschung ist alles«, kann man hier sagen!
Freddy hat dem Zuschauer Kreuz 7 und Pik 8 gegeben. Genau dieselben Karten, nur mit vertauschten Farben, nämlich Pik 7 und Kreuz 8 hat er oben auf das Spiel gelegt – natürlich heimlich vor der Präsentation. Nachdem Freddy nun die geheimnisvolle Kartenwanderung mit viel Simsalabim, Brimborium und Geheimnistuerei durchgeführt hat, zeigt er frech die beiden oben liegenden Karten mit den vertauschten Farben. Da der Zuschauer seine beiden im Spiel versteckten Karten nur kurze Zeit betrachten konnte, wofür Freddy sorgt, indem er ihm schnell das aufgefächerte Kartenspiel hinhält, wird er diese Täuschung nicht erkennen und die beiden vorgezeigten Karten als die seinen wiedererkennen.

Eine wilde Nacht im Zoo

»Tante Rosi«, sagt Freddy, »ich muss dir doch jetzt einmal erzählen, was in unserem Zoo alles passiert ist. Es ist Feierabend im Zoo. Alle Tiere sind aus dem Freigehege in ihre großen Käfige zurückgeführt worden. Die Tierpfleger sind gerade dabei, die Tiere zu füttern und deren Käfige zu reinigen. Es herrscht ein Riesenlärm. Die Tiere brüllen laut, weil der alte Pfleger mit den Futtereimern nicht gleichzeitig bei allen Zoobewohnern sein kann. Der alte Mann bringt zuerst den vier Affen das Futter.«

Mit diesen Worten legt Freddy vier Karten mit Affenbildern der Reihe nach nebeneinander mit den Bildern nach unten auf den Tisch.

»Als Nächstes bekommen die Leoparden, vier ganz wilde Raubkatzen, ihre Mahlzeit.«

Jetzt legt Freddy die vier Karten mit den Leopardenbildern – auch mit den Bildern nach unten – auf die vorher gelegten vier Affenkarten drauf.

»Zum Schluss bekommen die vier Bären und die vier Kamele noch ihr Futter.«

Freddy legt nun der Reihe nach jeweils vier Bären- und Kamelkarten – ebenfalls wieder mit den Bildern nach unten – auf die auf dem Tisch liegenden Affen- und Leopardenkarten.

»Müde von der vielen Arbeit, verlässt der alte Tierpfleger nun das Raubtierhaus, schließt hinter sich die Tür ab, ohne zu bemerken, dass er die Käfige nicht wieder verschlossen hat. Nachdem die Tiere gefressen haben, besuchen sie sich gegenseitig in ihren Käfigen.«

Tips für Könner

Wie fast alle Kartenkunststücke ist das sogenannte Tischzauberei. Das heißt, als Zauberer stehst du nicht vor dem Publikum, sondern du sitzt mit deinen Zuschauern am Tisch.

Du brauchst
*Wenn du fleißig sein willst
und ein guter Zeichner
bist, fertigst du die Karten
mit den Tieren selbst an.
Du kannst aber auch ein
normales Kartenspiel
nehmen und anstelle der
Tiere mit Assen, Königen,
Damen und Buben
zaubern. Sehr gut ist auch
ein Quartettspiel mit
Tieren, aus dem du
vier passende Tierfamilien
herausnimmst.*

Freddy legt nun die vier Kartenpäckchen nacheinander mit den Bildern nach unten in seine Hand zurück.

»Da sie sich bisher immer nur durch die Gitterstäbe hindurch sehen konnten und schon Sehnsucht nacheinander hatten, ist die Freude besonders groß über die offen stehenden Käfigtüren, was selbstverständlich einen ziemlichen Lärm verursacht. Dieser Lärm bleibt natürlich auch dem Nachtwächter nicht verborgen. Leise schleicht er sich zum Tierhaus, blickt vorsichtig durch die Fenster und sieht alle Tiere wild durcheinander rennen.«

Freddy hebt nun einige Karten von oben ab und legt sie unten wieder darunter. Dies wiederholt er noch einige Male.

»›Hoffentlich geht das gut‹, murmelt der Nachtwächter vor sich hin und schleicht wieder in sein Wärterhäuschen zurück. Er ist heilfroh, als am nächsten Morgen der Zoodirektor kommt. Der Wärter berichtet ihm voller Angst über die nächtlichen Ereignisse im Tierhaus.«

Mit diesen Worten legt Freddy die Karten aus seiner Hand wieder in die alte Lage (vom Stapel) zurück auf den Tisch. Immer eins, zwei, drei, vier usw.

»Der Zoodirektor hört sich die Geschichte ungläubig an und geht dann zum Tierhaus, um nach dem Rechten zu sehen. Er öffnet die Tür und stellt sofort mit einem Blick fest, dass alles in bester Ordnung ist.
Die vier Affen, Leoparden, Bären und Kamele liegen friedlich in ihren Käfigen.«

Dabei dreht Freddy die vier Kartenpäckchen nacheinander um und zeigt jeweils die vier Bildkarten wieder richtig beieinander.

Die schöne Spionin

Heute Abend bleibt der Fernseher bei Onkel Gustl und Tante Rosi ausgeschaltet, denn heute erzählt Freddy die spannende Geschichte von der schönen Spionin. Sie war so schön, dass sie allen Königen und Generälen den Kopf verdrehte. Aber sie war eine gefährliche Spionin, die denselben Königen und Generälen die allergeheimsten Staatsgeheimnisse entlockte, um sie sogleich weiterzuverraten. Einmal hatte sie jedoch Pech. Es war im Dreißigjährigen Krieg, als sie die Schlachtpläne der Schweden ausspionieren wollte und dabei gefangen wurde. Das war gar nicht schön für sie, denn für Spione gab es damals die Todesstrafe. Doch zuerst wollte man die schöne Spionin gründlich verhören. Damit sie nicht entkommen konnte, sagte der schwedische König zu seinem General: »Wir nehmen sie zwischen uns in die Mitte und fesseln uns alle drei für diese Nacht zusammen.«

Zu diesen Worten fächert Freddy drei Spielkarten auf: Man sieht den Kreuzkönig, den Kreuzbuben und zwischen beiden die gefangene Spionin, dargestellt von der Herzdame. Dann »fesselt« Freddy die drei Karten mit einer Wäscheklammer zusammen und legt das »Zelt« darüber – dargestellt durch ein Tuch.

Der Onkel muss die Klammer festhalten. Dann kann die Geschichte weitergehen.

In der Nacht passiert nichts, alles ist ruhig, alles ist still. Aber am Morgen, als der König und der General aufwachen, ist der Schrecken riesengroß: Die schöne Spionin ist verschwunden.

Mit diesen Worten zieht Freddy das Tuch weg, und auch der Onkel muss feststellen, dass nur noch zwei Karten in der Klammer stecken. Die Herzdame fehlt.

Freddy zieht die Herzdame aus seiner Hemdtasche und sagt: »Wieder einmal war die schöne Spionin entkommen, und niemand hat je erfahren, wie sie das angestellt hat.«

Wer mit der Trickschachtel arbeitet, legt einen Abschiedsbrief oder eine Haarlocke der schönen Spionin hinein, die dann statt der Karte auftauchen.

67

Tips für Könner

Wenn du das Kunststück perfektionieren willst, kannst du die präparierte Herzdame irgendwie verschwinden lassen. Dazu eignet sich ganz hervorragend die Trickschachtel von »Tante Rosis Kaffeerunde«. Wenn du das Tuch mit der Herzdame von der Klammer ziehst, bringst du es zu deiner Trickschachtel. Dort lässt du die Spielkarte unter dem Tuch in die Schachtel gleiten. Dann fragst du die Zuschauer, wo sie die schöne Spionin vermuten. Natürlich werden sie die Schachtel nennen. Jetzt kannst du die Schachtel hernehmen, dabei die bewegliche Zwischenwand umklappen und das leere Tuch herausziehen. Auch die Schachtel ist leer, und die Herzdame steckt irgendwo.

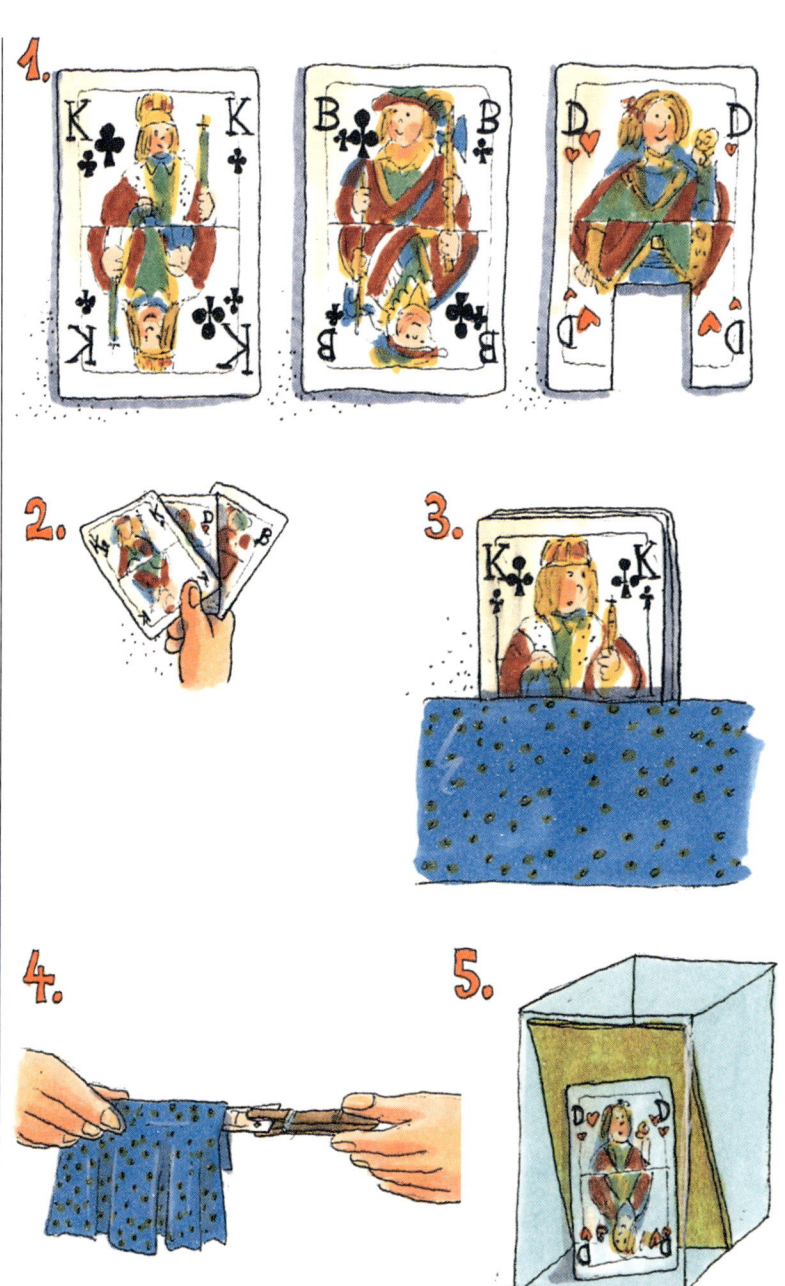

Wie macht er das?

Der Trick stammt von dem amerikanischen Zauberer
Harry Houdini, der von 1874 bis 1926 gelebt hat und
vor allem als Entfesselungskünstler berühmt geworden
ist. Freddy muss sich dafür ganz besonders sorgfältig
vorbereiten.

Er braucht zwei Herzdamen, die eine davon steckt er
gleich in seine Hemdtasche. Dann braucht er noch die
beiden Kreuzkarten König und Bube sowie eine Wäscheklammer und ein Tuch. Die Spielkarten muss er so
präparieren, wie es die Abbildung zeigt: Bei beiden
Kreuzkarten schneidet er an den langen Seiten ganz
feine Streifen ab. Bei der Herzdame schneidet er auf der
einen Seite ein Rechteck von 2 x 3 cm heraus (Abb.1).
Bei der Vorführung liegt die Herzdame zwischen den
Kreuzkarten. Freddy fächert sie für den Onkel so weit
auf, dass er alle Karten erkennen kann, aber nicht die
herausgeschnittene Lücke in der Herzdame (Abb. 2).
Dann schiebt Freddy die Karten zusammen und klemmt
sie in die Wäscheklammer, und zwar an der Schmalseite,
wo die Lücke der Herzdame verborgen ist (Abb. 3). Er
legt das Tuch darüber und lässt den Onkel die Klammer
halten. Wenn Freddy jetzt das Tuch abzieht, kann er dabei die Herzdame mitnehmen. Das ist ganz leicht, denn
sie ist ja breiter als die Kreuzkarten, und sie wird auch
nicht von der Klammer gehalten (Abb. 4). Das Abziehen
der Karte unter dem Tuch musst du rasch mit einem
Bogen nach oben vornehmen, damit niemand sieht, dass
mit dem Tuch eine Karte verschwindet. Beim Wegbringen
musst du die Karte im Tuch senkrecht halten, damit sie
sich nicht durch das Tuch abzeichnen kann. Für den
Zuschauer bleibt es ein Rätsel, wie die Dame ihren Platz
zwischen den anderen beiden Karten unbemerkt verlassen
und irgendwo im Raum oder in der Tasche eines an der
Garderobe hängenden Mantels wieder erscheinen kann.

Du brauchst
3 alte Spielkarten,
1 Schere,
1 Wäscheklammer,
1 Tuch ca. 50 x 50 cm,
die Schachtel aus
»Tante Rosis Kaffeerunde«
(Seite 16)

Hexereien mit Zahlen

Schon seit zwei Stunden sitzt Freddy über seinem Rechenheft. Er ist so in die Arbeit vertieft, dass er den Onkel erst bemerkt, als dieser schon mitten im Zimmer steht. Onkel Gustl beugt sich über den Tisch und sagt: »Du bist aber fleißig heute.« »Ich habe gerade eine Bruchrechnung gemacht«, sagt Freddy stolz und lässt den Onkel in sein Heft schauen. »Das soll eine Bruchrechnung sein? Das ist doch keine Bruchrechnung. Das sind ja eher zerbrochene Zahlen! Wie kommst du denn auf so was?« Geduldig erklärt Freddy seinem Onkel: »Nach einer Bruchrechnung müssen die Zahlen so aussehen. Das ist genauso wie beim Fliegen:

Nach einer Bruchlandung ist das Flugzeug kaputt. Und nach einer Bruchrechnung sind eben die Zahlen kaputt.« »Du lieber Himmel«, ruft der Onkel, »hör bloß auf! Das ist ja ein vollkommener Blödsinn, was du da redest.«

»Das ist gar kein Blödsinn«, erwidert Freddy. »Das sind Rechnungen, von denen meine Lehrer keine Ahnung haben. Die werden Augen machen, wenn die Schule wieder anfängt.«

Aber nicht nur deshalb werden sie erstaunt sein, sondern auch, weil Freddy wirklich im Rechnen besser geworden ist und behauptet, in den Ferien nur gezaubert und nicht gelernt zu haben. Wer Zahlenspiele macht oder Zaubertricks mit Zahlen lernt, übt ganz nebenbei den Umgang mit Zahlen, was sich auf die konkrete Rechenarbeit in der Schule förderlich auswirkt. Addieren, subtrahieren und teilen sind Vorgänge, die gut sitzen müssen, denn allzu viel Zeit, um mitzurechnen, dürfen die Zuschauer nicht haben, sonst kommen sie auf den Trick. Und das soll schließlich vermieden werden.

Onkel Gustl denkt sich eine Zahl

Tips für Könner

So einfach dieser Trick auch auf

den ersten Blick aussieht –

du solltest ihn trotzdem gut üben.

Toll wirkt der Trick nämlich erst,

wenn du wie aus der Pistole

geschossen die zu erratende Zahl

nennen kannst.

Freddy schreibt auf sechs Zettel anscheinend wahllos Zahlen. »Was soll das sein? Das sind doch nur Zahlen ohne Sinn und Zweck«, meint der Onkel. »Ja, das sind Zahlen«, gibt Freddy zurück, »aber sie haben Sinn und Zweck. Damit kann ich nämlich hellsehen.« »Hellsehen? Mit diesen komischen Zahlen? Das musst du mir erst einmal vormachen!«

Onkel Gustl nimmt Platz am Tisch, und Freddy fängt an: »Denke dir eine Zahl zwischen 1 und 63! Hast du sie?« Jetzt zeigt Freddy dem Onkel nacheinander die sechs Zettel. Jedes Mal fragt er seinen Onkel: »Ist deine Zahl hier dabei?« Bei zwei Zetteln nickt der Onkel mit dem Kopf. Am Ende erklärt Freddy leichthin, als wäre es eine Selbstverständlichkeit: »Deine Zahl heißt 20.«

Wie macht er das?

Du brauchst
*6 Zahlenkarten
(sie befinden sich
zum Heraustrennen am
Schluss des Buches)*

Ihr denkt jetzt sicher, Freddy sei ein Rechengenie. Sein Lehrer ist da ganz anderer Meinung. Aber Freddy muss bei diesem Trick doch einiges im Kopf rechnen. Er legt dem Zuschauer also nacheinander die Kärtchen mit den vielen Zahlen von 1 bis 63 vor, nachdem er ihn gebeten hat, sich eine Zahl zwischen 1 und 63 zu merken. Von jedem Kärtchen, auf dem der Zuschauer seine Zahl wieder findet, muss Freddy sich die erste Zahl, also die Zahl oben links, merken. Diese Zahlen muss er im Kopf schnell zusammenzählen und die Summe dem Zuschauer nennen. Diese Summe ist gleichzeitig die Zahl, die sich der Zuschauer gemerkt hat.

Beispiel: Der Zuschauer hat sich die Zahl 25 gemerkt. Er findet seine Zahl auf drei der sechs abgebildeten Karten wieder. Du nimmst von jeder Karte die erste Zahl (links oben) und bildest daraus die Summe (hier: $16 + 8 + 1$). So erhältst du die Zahl 25, die Zahl deines Zuschauers.

Ich kenne dein Alter

Onkel Gustl soll sein Alter mit 10 malnehmen. Davon soll er eine Zahl aus der Neunerreihe vom kleinen Einmaleins abziehen (9, 18, 27 usw.). Wenn der Onkel sein Ergebnis nennt, sagt Freddy sofort sein Alter.

Wie macht er das?

Beispiel: Onkel Gustl ist 43 Jahre alt. Onkel Gustl rechnet also 43 x 10 = 430. Aus der Neunerreihe wählt er die 45 und rechnet 430 − 45 = 385. Onkel Gustl sagt laut »385«. Freddy zerlegt nun diese Zahl, indem er die letzte Stelle vom Rest der Zahl abtrennt und beide Teile addiert. So wird 38/5 zu 38 + 5 = 43. Onkel Gustl ist also 43 Jahre alt.

Der Zauberer gewinnt immer

Für diesen Zaubertrick braucht Freddy 15 Münzen, Erbsen, Bohnen oder Zahnstocher und eine »Rechenmaschine« im Kopf. Die 15 Gegenstände liegen vor ihm auf dem Tisch. Er bittet Onkel Gustl, bis zu drei wegzunehmen. Dann nimmt er selbst bis zu drei. Das Spielchen geht so lange weiter, bis nur noch ein Gegenstand daliegt. Wer diesen letzten wegnehmen muß, hat verloren. Das Komische dabei ist, dass Freddy immer auf geheimnisvolle Weise gewinnt, egal, wie viel der Zuschauer wegnimmt.

Du brauchst
15 Gegenstände –
Münzen, Erbsen,
Bohnen etc.

Wie macht er das?

Er muss darauf achten, dass Onkel Gustl immer bei 13, 9 oder 5 übrig gebliebenen Gegenständen zum Zug kommt. Da heißt es in Windeseile ausrechnen, wie viel er selbst nur wegnehmen darf, damit seine Rechnung aufgeht.

Nur wenn du gut und schnell

rechnen kannst,

klappt die Vorführung!

Deine Lieblingszahl heißt ...

Wetten, dass sich über diese Zauberei alle Eltern und Lehrer freuen? Denn dafür musst du gut rechnen können.

Freddy fragt seine Tante nach ihrer Lieblingszahl von 1 bis 9. Die Tante sagt »7«, weil sie diese für eine Glückszahl hält. Jetzt schreibt Freddy eine unverschämt lange Rechenaufgabe auf ein Blatt Papier und bittet die Tante um das Ergebnis: 12345679 x 63. Tante Rosi seufzt und rechnet. Sie erhält als Ergebnis: 777777777.

Wie macht er das?

Du brauchst
1 Notizblock,
1 Bleistift

Freddy rechnet die Lieblingszahl seiner Tante mal neun (7 x 9 = 63). Dann schreibt er die lange Zahlenreihe 12345679 auf (es fehlt die 8).
Diese Zahl nimmt er mal 63 und erhält damit die folgende Rechnung: 12345679 x 63 = 777777777.
Du kannst es mit jeder Zahl ausprobieren, am Ende wird die Lieblingszahl neunfach erscheinen. Du musst also immer die Lieblingszahl deines Zuschauers mal 9 rechnen und dann das Ergebnis mit der oben genannten langen Zahl 12345679 malnehmen. Du hast sicher schon bemerkt, dass die lange Zahl sich nur aus 1 bis 9 zusammensetzt, wobei du die 8 weglassen musst.

Wo steckt die gerade Menge?

Für diesen Zaubertrick braucht Freddy mehr als 10 kleine Gegenstände (Erbsen, Bohnen, Knöpfe usw.) und eine Tante, die gut rechnen kann.

Er legt die Gegenstände auf den Tisch und bittet Tante Rosi, ein paar davon in beide Hände zu nehmen. Es muss aber in einer Hand eine gerade, in der anderen eine ungerade Anzahl sein. »Wetten, dass ich sagen kann, in welcher Hand du die gerade und in welcher Hand du die ungerade Anzahl hast?«, meint Freddy.

Dafür muss er Tante Rosi allerdings etwas rechnen lassen. Sie muss nämlich im Kopf die Gegenstände in der linken Hand mal 3, die in der rechten Hand mal 2 nehmen, beide Ergebnisse zusammenzählen und ihm die Summe nennen. Schon nach kürzester Zeit weiß Freddy, wo wie viele Gegenstände sind.

Wie macht er das?

Er muss die genannte Summe durch 2 teilen. Kriegt er dabei eine Zahl mit Komma, also mit einem halben Gegenstand raus (Beispiel A), ist die ungerade Anzahl in der linken Hand; kommt eine Zahl ohne Komma, also mit ganzen Gegenständen raus (Beispiel B), ist die ungerade Anzahl in der rechten Hand.

Beispiel A:

Linke Hand	11 Stück, rechte Hand 20 Stück
Rechnung:	$11 \times 3 = 33$, $20 \times 2 = 40$, $33 + 40 = 73$, $73 : 2 = 36{,}5$

Beispiel B:

Linke Hand	4 Stück, rechte Hand 7 Stück
Rechnung:	$4 \times 3 = 12$, $7 \times 2 = 14$, $12 + 14 = 26$, $26 : 2 = 13$

Wie das funktioniert,

bekommt so schnell keiner heraus.

Du brauchst
Mehr als 10 kleine Gegenstände: Pfennige, Steinchen, Zahnstocher, Perlen, Knöpfe etc.

Großes Zaubern für Bastler.

Onkel Gustl sucht etwas. Er durchwühlt alle Schubladen und Schränke. Als er in der Küche herumstöbert, wird es Tante Rosi zu viel. »Was suchst du denn in einem fort?« »Ach was«, schimpft der Onkel, »ich suche meine Spielkarten. Dabei habe ich erst drei neue Päckchen gekauft. Es ist wie verhext!« »Eine Hexe haben wir zwar nicht«, beruhigt ihn Tante Rosi, »aber wir haben einen Zauberer hier. Er sitzt oben in seiner Kammer. Vielleicht kann er dir helfen.«

Seufzend steigt Onkel Gustl die Treppe hinauf, klopft an Freddys Tür und ruft: »Sesam, öffne dich!« Keine Antwort. Leise drückt Onkel Gustl die Türklinke nieder und schleicht ins Zimmer. Auf dem Tisch steht ein großer Koffer mit aufgeklapptem Deckel. Der Koffer ist voll mit allerlei Kram: Schere, Klebstoff, Kordeln, Bindfaden, Schuhbänder, Stofftücher, Pappbecher, Würfel, Luftballons, Papiertüten, Blechdosen, Farbstifte, Pappröhren, Tischtennisbälle, Zahnstocher, Schreibblocks, Kreiden und auch drei Päckchen Spielkarten. »Was der Bub damit bloß anfangen will«, denkt sich Onkel Gustl und greift nach seinen Spielkarten. Da klappt auch schon der Deckel zu und klemmt ihm schmerzhaft die Finger ein. Hinter dem Koffer taucht der grinsende Freddy auf. Viele Zaubertricks funktionieren in der Tat nur, wenn die Gegenstände sorgfältig präpariert sind. Da heißt es genau arbeiten.

Der Luftballon mit Platzgarantie

Für diesen Zaubertrick braucht Freddy eine leere Pappröhre (Innenteil einer Toilettenpapierrolle), eine dünne Stricknadel und einen länglichen Luftballon. In die Pappröhre macht er zwei Löcher, die sich genau gegenüberliegen (Abb. 1). Damit Onkel Gustl sieht, dass die Röhre leer ist, sticht Freddy die Stricknadel durch die Löcher und zieht sie wieder raus. Jetzt wird der Luftballon aufgeblasen und zugeknotet. Dabei entstehen zwei Kugeln an jedem Röhrenende. Jetzt pikt Freddy mit der Stricknadel wieder durch die Röhre (Abb. 3), aber der Ballon bleibt ganz. Onkel Gustl ist sprachlos. Jetzt zieht Freddy die Stricknadel wieder raus und fordert den Onkel auf, das Kunststück zu wiederholen. Wetten, dass ihm dabei der Luftballon platzt?

Wie macht er das?

Freddy muss nur die beiden Kugeln an jedem Röhrenende zweimal gegeneinander umdrehen, so dass der Ballon in der Röhre eine Taille bekommt (Abb. 2). Allerdings darf der Onkel das nicht mitbekommen. Bevor Freddy Onkel Gustl das Kunststück versuchen lässt, muss er die Kugeln wieder zurückdrehen.

Das Pingpongmirakel

Freddy hält einen Tischtennisball in der linken Hand.
Die rechte hält er etwas darüber. Leise murmelt er einen
Zauberspruch – und ganz langsam steigt der Ball hinauf,
bis er in der oberen Hand angelangt ist. Jetzt spricht
Freddy wieder eine Zauberformel: Der Tischtennisball
gleitet wie von selbst wieder zurück in die untere Hand.

Wie macht er das?

Freddy hat einiges vorbereitet. Er hat einen Tischtennisball mit drei kleinen Löchern versehen (siehe Abb.
Löcher 1, 2, 3). Freddy führt durch Loch 1 einen dünnen
Nylonfaden, an dessen Ende er zuvor ein Stück von
einem Zahnstocher gebunden hat.
Dadurch wird die Nylonschnur daran gehindert, wieder
aus dem Ball herauszugleiten. Dann führt er den Faden

über die Finger seiner rechten
Hand und durch die Löcher
2 und 3. Das geht am besten
mit einer Nähnadel.
Die Löcher müssen so sein,
daß der Faden leicht hindurch-
gleitet. Das Ende des Fadens
schlingt er um den Mittelfinger
der linken Hand.
Nun kann der Auftritt beginnen.
Freddy sagt seinen Zauberspruch auf und führt dabei die
rechte Hand langsam in die
Höhe; vom Faden gezogen,
steigt der Tischtennisball ebenfalls in die Höhe.
Indirekte Beleuchtung macht
den Faden unsichtbar.

Das verschwundene Wasser

Mit diesem Wasser aus der Papiertüte wird mit Sicherheit keiner nass.

Freddy nimmt einen Pappbecher und gießt Wasser hinein. Dann stellt er den vollen Becher vorsichtig in seinen Zauberhut. Er legt ein Tuch darüber und zieht es sorgfältig glatt. Nun zählt er feierlich genau 20 Sekunden ab. Dann ist es so weit: Freddy nimmt das Tuch wieder beiseite und den Becher wieder heraus aus dem Hut. Er stellt ihn vorsichtig – ja nichts verschütten! – in eine Papiertüte und faltet sie oben zu. Jetzt tritt er zu Onkel Gustl. Er hält ihm die Tüte über den Kopf und dreht sie ganz langsam um. Onkel Gustl, der eine kalte Dusche fürchtet, springt vom Stuhl weg. Aber Freddy wirft ihm die Tüte hinterher, so dass Onkel Gustl vor Schreck einen langen Satz macht. Seltsam: Die Tüte schwebt langsam zu Boden; kein Tropfen Wasser kommt zum Vorschein.

Abb. 1   Abb. 2   Abb. 3

Wie macht er das?

Unser schlauer Freund Freddy hat zwei gleiche Pappbecher. Beim einen Becher hat er zuvor schon fein säuberlich den Boden herausgetrennt (mit dem Schneidemesser oder mit einer feinen Schere). Und von dem anderen Becher hat er den oberen Rand abgeschnitten. Dann hat er den bodenlosen Becher in den randlosen Becher hineingestellt. Wenn Freddy sauber arbeitet, fällt das nicht auf. Es sieht aus wie ein ganz normaler Pappbecher. Jetzt geht die Zauberei los. Zuerst gießt Freddy Wasser in den (oder besser, in die) Becher (Abb. 1).
Dann stellt er den/die Becher samt Wasser in den Hut. Nach 20 Sekunden holt er den inneren – bodenlosen – Becher wieder heraus (Abb. 2).
Vorsicht, dass niemand den Becher von unten sieht! Du musst natürlich so tun, als wäre er voll. Du bewegst dich also ganz langsam und vorsichtig. Das Wasser bleibt im anderen Becher zurück. Den bodenlosen leeren Becher stellt Freddy jetzt in die Papiertüte hinein (Abb. 3). Auch die Tüte musst du so behandeln, als ob jeden Augenblick die nasse Bescherung losgehen könnte. Der ahnungslose Onkel, der genau das denkt, läuft davon. Ein guter Zauberer ist vor allem ein guter Schauspieler; das ist fast noch wichtiger als die Fingerfertigkeit beim Tricksen. Bei deiner Vorführung solltest du die Tüte zum Schluss lieber nicht ins Publikum werfen. Womöglich packt einer die Tüte aus und sieht den Trickbecher. Es ist darum besser, wenn du die Tüte über den Kopf hinter dich wirfst. Oder du wirfst sie in die Höhe und klatschst sie mit beiden Händen flach. Da werden alle Zuschauer die Köpfe einziehen. Weißt du noch? Diesen Trick hat Freddy schon einmal versucht. Erinnerst du dich noch an die erste Geschichte? Damals gab es nasse Füße und viel Spott von Onkel Gustl. Freddy hat inzwischen tüchtig geübt. Jetzt ist es er, der lacht.

Du brauchst
2 Pappbecher,
1 Obsttüte,
1 Hut oder 1 Zylinder

Zur Übung am besten einen mit Wasser gefüllten Pappbecher hin und her tragen und abstellen, damit du weißt, wie du dich mit dem leeren Becher bewegen musst, damit das Publikum meint, er sei voll.

Freddy und die zersägte Jungfrau

Tips für Könner

Die »zersägte Jungfrau« ist wohl das beliebteste und bekannteste Zauberkunststück der Welt. Als Zauberkünstler wirst du deshalb auch immer wieder darauf angesprochen werden, wie der Trick geht und ob du ihn auch kannst. Frag doch einfach deine Zuschauer, ob zufällig jemand eine Kiste und ein Säge dabeihat, und such dir ein Kind aus, das du zersägen willst. Es wird froh sein, wenn du das Zauberkunststück nur im Taschenformat präsentierst.

Noch etwas:

Bevor du die beiden Umschlaghälften weglegst, reiße sie beiläufig in schmale Stücke!

Onkel Gustl fragt: »Sag mal, Freddy, du bist doch ein richtiger Zauberer. Kannst du denn auch den berühmten Trick mit der zersägten Jungfrau?« »Natürlich«, ruft Freddy, »besorge mir eine große Holzkiste und gib mir deine große Säge! Oder besser die Motorsäge! Damit geht es schneller. Tante Rosi, du kannst dich schon fertig machen.« »Nein!« schreit die Tante und lässt ihr Strickzeug fallen. »Nein!«, schreit der Onkel. »Nicht mit meiner Säge!« Freddy winkt ab: »Das habe ich mir gleich gedacht, dass ihr euch nicht traut.«»Es reicht doch, wenn du es uns erklärst«, sagt Onkel Gustl. »Also«, meint Freddy, »ich verrate niemals einen Trick, aber ich will euch etwas zeigen. Hier, Onkel Gustl, hast du ein Stück Pappkarton, Farbstifte und eine Schere. Mal eine schöne Jungfrau und schneide sie aus!« »Soll sie Kleider anhaben?« »Was denn sonst«, ruft die Tante, »was glaubst du, wo wir sind?« Nach einigen Minuten überreicht Onkel Gustl sein fertiges Kunstwerk. Freddy steigt auf einen Stuhl und tut so, als stünde er auf der Bühne eines großen Theaters: »Meine sehr verehrten Damen und Herren, erleben Sie jetzt die magische Weltsensation: die zersägte Jungfrau! Haben Sie bitte Verständnis, wenn ich Sie jetzt um äußerste Ruhe bitte!« Freddy nimmt die Pappjungfrau und schiebt sie seitlich in einen Briefumschlag, bis auf der einen Seite der Kopf und auf der anderen die Füße herausschauen. Nun greift er zur Schere und schneidet den Briefumschlag mittendurch. Dann zieht er nach jeder Seite einen halben Briefumschlag weg und zeigt die Jungfrau. Sie ist so schön und unversehrt, wie Onkel Gustl sie gemalt hat. Jetzt will auch Tante Rosi malen. Sie beugt sich über den Karton und arbeitet heftig mit den Buntstiften. Am Ende erhält Freddy einen hübschen Jüngling, mit dem er das Gleiche anstellt wie mit der Jungfrau.

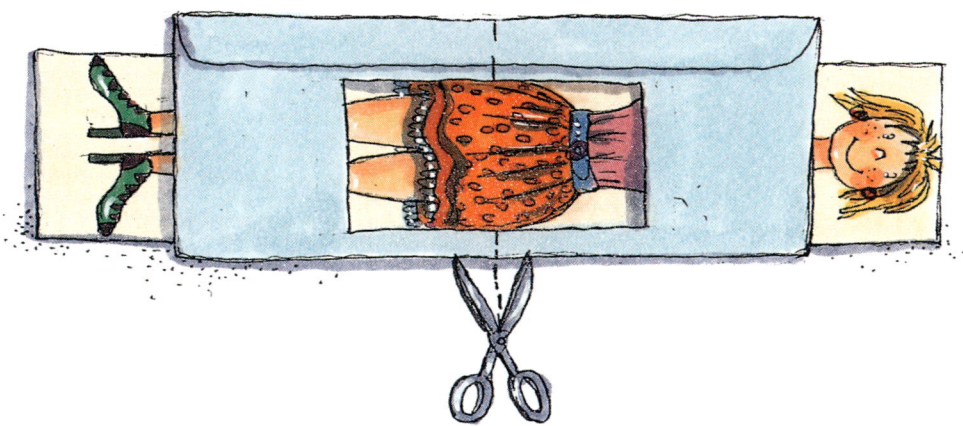

Wie macht er das?

Der Briefumschlag ist zwar echt, aber er ist vorher präpariert worden. Besorge dir einen länglichen Briefumschlag. Klebe ihn zu und schneide dann beide Schmalseiten auf. Hier sollst du später die »Jungfrau« hindurchschieben. Jetzt kommt der Trick: Auf der Rückseite des Briefumschlages schneidest du links und rechts von der Mitte je einen senkrechten Schlitz in den Umschlag. Mit diesem Umschlag, der Pappjungfrau und einer Schere kann die Vorführung beginnen: Zuerst schiebst du die »Jungfrau« mit dem Kopf voran in die offene linke Schmalseite des Umschlags. Schiebe sie so weiter, dass sie durch den ersten Geheimschlitz wieder aus dem Umschlag herauskommt und durch den zweiten wieder hineingleitet. Dann schiebst du den Kopf der »Jungfrau« durch die rechte Schmalseite hinaus ins Freie. Zum Schluss schneidest du mit der Schere unter der freigelegten Mitte der »Jungfrau« den Briefumschlag entzwei und streifst die beiden Hälften nach außen weg (siehe Abb.). Solange die Zuschauer nur die Vorderseite des Briefumschlags sehen, wird keiner etwas von der Täuschung bemerken.

Du brauchst
1 Briefkuvert,
1 Schere,
Pappstreifen,
Farbstifte

Ist Onkel Gustl farbenblind?

Tips für Könner

Am besten eignen sich gummierte Farbpapierbogen, wie du sie vom Basteln in der Schule kennst. Bei deiner Zaubervorstellung nimmst du statt Brillenetuis besser Seifen- oder Zahnpastaschachteln. Die kannst du nämlich mit den gleichen Farbpapieren bekleben, die du nachher auch zwischen die Zeitungen legst. Dann ist die Täuschung perfekt.

Freddy schaut interessiert zu, wie Onkel Gustl seine Brillen putzt. Er haucht sie an, hält sie ins Licht, schaut durch und reibt und wischt. Die Lesebrille legt Onkel Gustl schließlich in ein rotes Etui und die Sonnenbrille in ein blaues.

Freddy will wissen: »Warum brauchst du zwei verschiedene Etuis für deine Brillen?« Onkel Gustl seufzt: »Bub, du kannst fragen! Natürlich, damit ich weiß, welche Brille drin ist, und nicht lange nachschauen muss.« Freddy wiegt bedenklich den Kopf: »An der Farbe des Etuis willst du also die Brillen unterscheiden können? Dann darfst du aber nicht farbenblind sein.« Der Onkel entgegnet, schon etwas ungeduldig: »Erstens bin ich nicht farbenblind, zweitens war ich nie farbenblind, und drittens wird mir das jetzt zu dumm.« Freddy zuckt mit den Schultern und sagt: »Da wäre ich mir nicht so sicher. Es gibt nämlich mehr Farbenblinde, als man glaubt. Pass auf, ich will dir etwas zeigen!« Er nimmt die Etuis und wickelt jedes in Zeitungspapier ein. Dann fragt er: »Welches ist das rote und welches das blaue?« Onkel Gustl sagt: »Woher soll ich das wissen? Jetzt sehen sie ja gleich aus.« Freddy nimmt eines der Päckchen und reißt ein Stückchen vom Zeitungspapier auf. Darunter kommt das rote Etui zum Vorschein.

Onkel Gustl darf dasselbe mit dem anderen Päckchen tun. Jetzt fragt Freddy honigsüß: »Lieber Onkel! Welches Etui hast du?« »Wie du siehst, ist es das blaue: Ich bin nicht farbenblind.«

Freddy schüttelt nachsichtig den Kopf. Er nimmt dem Onkel das Päckchen aus der Hand und packt es aus. Zum Vorschein kommt das rote Etui. Dasselbe tut er auch mit dem anderen Päckchen: Hier erscheint das blaue Etui. Onkel Gustl ist sprachlos und schaut sofort nach, ob denn die Brillen wenigstens noch drin sind.

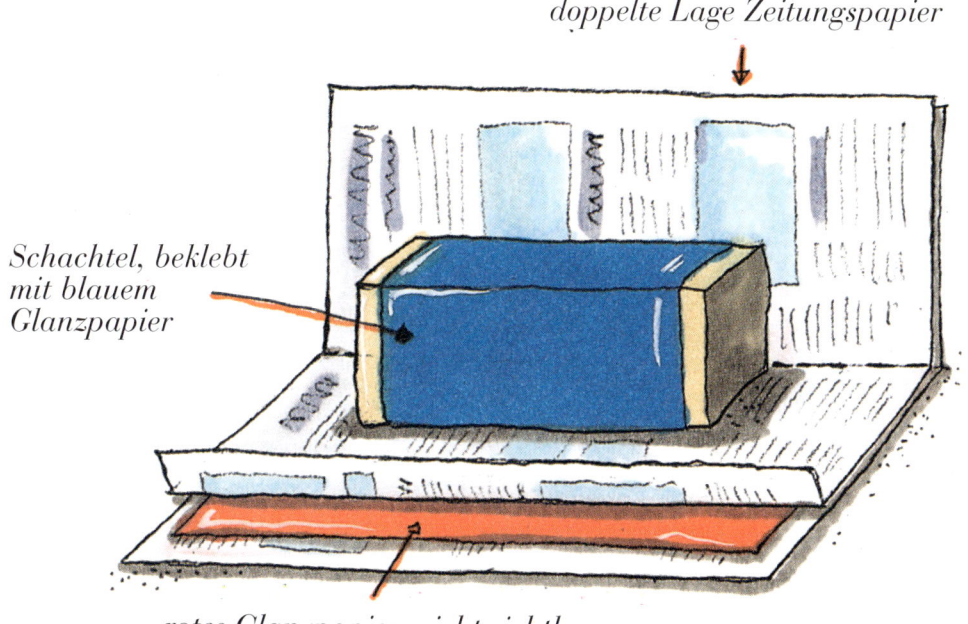

doppelte Lage Zeitungspapier

*Schachtel, beklebt
mit blauem
Glanzpapier*

*rotes Glanzpapier, nicht sichtbar
zwischen den beiden Zeitungspapieren*

Wie macht er das?

Wieder einmal hat Freddy den Onkel Gustl mit einem
Trick hereingelegt.

Die Zeitungspapiere sind nämlich präpariert. Wie du in
der Abbildung sehen kannst, sind es zwei Lagen Zeitungspapier.

Beim einen ist zwischen den beiden Zeitungslagen ein
rotes Papier und beim anderen ein blaues Papier ein-
gelegt. Das rote Etui wird in den Packen mit der blauen
Papiereinlage gewickelt. Wenn der Onkel jetzt ein
Stückchen Zeitungspapier wegkratzt, dann kommt nicht
das Etui, sondern das blaue Papier zum Vorschein.
Beim anderen Päckchen ist es genau andersrum.

Du brauchst
*2 Etuis
(Seifenschachteln o.Ä.),
je 2 x 2 Bogen Buntpapier
in denselben Farben,
2 Seiten Zeitungspapier*

Die todsichere Tombola

Tips für Könner

Damit es wie eine richtige Tombola aussieht, sollte man mindestens acht bis zehn Briefumschläge vorbereiten. Dieses freche Kunststück ist besonders geeignet für ein größeres Publikum. Wenn jeder einen Umschlag ziehen darf, ist es auch für alle spannend. Du kannst statt der Nieten auch Zettel mit lustigen Sprüchen vorbereiten und sie hinterher vorlesen lassen. Wichtig ist, dass die Zuschauer niemals den Gewinnumschlag bemerken, den du unter dem Tablett verborgen hältst. Deshalb lässt du sie das Tablett immer nur von oben oder von vorn sehen. Übe so lange vor dem Spiegel, bis du ganz sicher damit bist!

»Onkel Gustl! Hast du schon einmal im Lotto gewonnen? Oder ein Preisausschreiben?«, will Freddy wissen. Der Onkel lacht: »Ich doch nicht! Ich gewinne ja nicht einmal beim Kartenspielen gegen dich. Nein, nein, bei solchen Sachen bin ich ein echter Pechvogel.« »Nicht nur bei solchen Sachen«, ruft Tante Rosi, die gerade zur Tür hereinkommt. »Das dürft ihr nicht sagen«, meint Freddy, »das Glück kann man nämlich auch üben. Ich habe früher auch immer verloren. Aber dann habe ich das Glück so lange geübt, dass ich heute immer nur noch gewinne.« »So ein Quatsch«, sagt der Onkel und schüttelt den Kopf. »So ein Quatsch«, sagt auch Tante Rosi. »Gar kein Quatsch«, entgegnet Freddy und fährt fort: »Ich habe hier eine Tombola. Auf diesem Tablett liegen Briefumschläge. In einem steckt ein Gewinn. Die anderen sind leer. Jeder darf einen Umschlag ziehen. Vielleicht gewinnt einer.« Der Onkel zieht und öffnet seinen Umschlag: Niete. Der Tante geht es nicht besser. Freddy schüttet die restlichen Umschläge in seinen Zauberhut. Er schaut die beiden Pechvögel an und sagt: »Schade! Aber ohne Zauberei geht es natürlich nicht.« Dann greift Freddy in den Hut und zieht einen Umschlag heraus. Er öffnet ihn und wedelt stolz mit einem Zehnmarkschein. Er sagt: »Es ist doch viel schöner, wenn man sich auf sein Glück verlassen kann.«

Wie macht er das?

Wenn Freddy seinen Mitspielern das Tablett mit den Briefumschlägen vor die Nase hält, dann hat er bereits unter dem Tablett den Gewinnumschlag festgeklemmt. Nachdem die Pechvögel ihre Nieten gezogen haben, schüttet Freddy die restlichen Umschläge in den Hut. Als letzten Umschlag lässt er den Gewinnumschlag hinter dem Tablett hineingleiten (Abb. 1). Wenn Freddy darauf achtet, wo der Umschlag liegen bleibt, hat er hinterher keine Probleme, ihn herauszufinden.

Variation

Du kannst dir hier auch ein Tablett basteln, das dir die ganze Arbeit abnimmt. Schneide dir aus einer stabilen Pappe zwei gleich große runde Scheiben. Vom gleichen Material schneide dir noch einen langen dünnen Streifen in der Länge des Umfangs der Scheiben sowie drei Streifen, die auf deine Scheiben an den Stellen der gestrichelten Linien passen. Klebe jetzt die Streifen so auf eine Scheibe, wie es die gestrichelten Linien zeigen (Abb. 2). Kürze den Umfangstreifen so, dass der Ausschnitt frei bleibt. Klebe nun die zweite Scheibe darauf und umklebe beide Scheiben außen herum mit Klebeband, damit die Zuschauer nicht bemerken, dass hier ein Tablett mit Innenraum zum Einsatz kommt. In den Innenraum kannst du nun dein vorbereitetes Kuvert geben. Die anderen legst du aufs Tablett. Wenn du nun die Kuverts in den Hut fallen lässt, lässt du gleichzeitig den »Gewinn« mit hineinfallen. Das Tablett solltest du natürlich auch schön bekleben oder anmalen, und du musst es selbstverständlich so halten, dass keiner deiner Zuschauer die Öffnung sehen kann.

Du brauchst
*10 kleine Briefkuverts,
2 Pappkartons,
2 mm stark,
ca. 40 x 40 cm,
1 Tablett,
Isolierband,
Kleber,
1 Schere*

Solche Handgriffe übst du am besten lange vor dem Spiegel, damit danach auch wirklich niemand etwas vom Trick sieht.

Abb. 1

Abb. 2

Die unmöglichen Zündholzschachteln

Tips für Könner

Natürlich müssen es nicht
Reißnägel sein, die den
Schachtelboden »durchdringen«.
Du kannst ebenso gut ein kleines
Tuch, Süßigkeiten oder andere
kleine Gegenstände einsetzen.
Du musst auch nicht Buntpapier
für die Präparation der Doppel-
seite nehmen; du kannst die
Etiketten auch bemalen oder
die Etiketten anderer Zündholz-
fabrikate verwenden. Bei der
Vorführung erzählst du die
Geschichte von Freddy und Tante
Rosi. Mittendrin bittest du ein
Mädchen aus dem Publikum und
lässt sie die Tante Rosi spielen.

»Tante Rosi«, sagt Freddy, »gib mir bitte zwei Schachteln Zündhölzer!« Die Tante macht ihren Zeigefinger
lang und spricht mit erhobener Stimme: »Messer, Gabel,
Scher' und Licht...« »Keine Angst«, wiegelt Freddy ab,
»die Zündhölzer kannst du ruhig behalten. Ich brauche
nur die Schachteln, damit ich meine Reißnägel und
Büroklammern hineintun kann.« »Ja, wenn's nur das
ist«, meint die Tante und schüttet zwei Schachteln Zündhölzer aus. Nach einer halben Stunde steht Freddy wieder
in der Küche: »Tante Rosi! Was hast du mir da gegeben?
Schau dir das mal an!« Er legt zwei Zündholzschachteln
auf den Tisch: »Auf die habe ich rotes Papier geklebt, auf
die andere blaues. Siehst du, jetzt schütte ich Reißnägel
in die rote Schachtel. Und jetzt kommt die blaue Schachtel darüber. Das Ganze wird kräftig geschüttelt. Hörst du
die Reißnägel, wie sie rascheln? Und jetzt mache ich die
rote Schachtel wieder auf. Tante Rosi, was siehst du?«
»Die Reiß... Nanu! Die Schachtel ist ja leer!« »Eben«,
sagt Freddy, »und nun öffne bitte die blaue Schachtel!«
Vorsichtig schiebt Tante Rosi die blaue Schachtel auf
und findet tatsächlich hier die Reißnägel. Sie untersucht
die Schachtel von allen Seiten und sagt: »Das musst du
mir erklären.« Freddy schüttelt den Kopf: »Wieso ich?
Du hast mir doch die Schachteln gegeben.«

Wie macht er das?

Freddy hat ganz schön geschwindelt, denn nur mit ein
bisschen Buntpapier ist es noch nicht getan. Er besitzt
nämlich vorher schon zwei leere Zündholzschachteln.
Von denen hat er die Oberseiten mit den Etiketten sauber
abgetrennt, hat sie mit rotem Buntpapier beklebt und sie
dann mit den Rückseiten zusammengeklebt; jetzt hat er
eine rote Doppelseite. Der Rest dieser beiden Schachteln

landet im Papierkorb. Dann hat er die beiden anderen Schachteln aus der Küche geholt und deren Oberseiten blau beklebt. Mit den beiden Schachteln, mit der roten Doppelseite und mit einer Handvoll Reißnägel beginnt er die Vorführung.

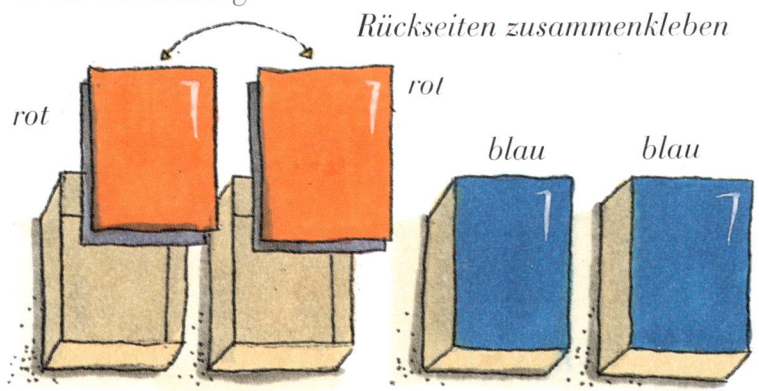

Rückseiten zusammenkleben

rot *rot*

blau *blau*

1. Freddy legt heimlich die rote Doppelseite auf eine Schachtel und zeigt sie so der Tante. Er hält die rote Doppelseite fest auf der Schachtel und öffnet sie. Die Tante denkt: »Aha! Eine leere rote Schachtel« (Abb. 1).
2. Jetzt schüttet Freddy Reißnägel in die Schachtel und schiebt sie wieder zu. Dann legt er die Schachtel beiseite. Vorsicht, dass sich die rote Doppelseite nicht verschiebt (Abb. 2).
3. Freddy zeigt die andere Schachtel und öffnet sie. Die Tante denkt: »Aha! Eine leere blaue Schachtel« (Abb. 3).
4. Freddy setzt die leere blaue auf die andere »rote« Schachtel. Die rote Doppelseite liegt jetzt zwischen beiden Schachteln. Dann nimmt er die Schachteln zwischen Daumen und Zeigefinger auf, klemmt sie fest zusammen, dreht die Hand hin und her und schüttelt sie, so dass man die Reißnägel tüchtig rascheln hört (Abb. 4). Zum Schluss setzt er die beiden Schachteln verkehrt auf den Tisch; jetzt ist die Schachtel mit den Reißnägeln die obere (Abb. 5).

Du brauchst
4 leere Streichholz-
schachteln,
2 verschiedenfarbige
Bogen Buntpapier,
Kleber,
1 Schere

5. Freddy nimmt die obere Schachtel ohne die rote Doppelseite weg und legt sie beiseite. Dann nimmt er die untere Schachtel samt der roten Doppelseite und öffnet sie: Sie ist leer. Zum Schluss darf die Tante die andere Schachtel öffnen. Sie findet die Reißnägel und wundert sich, wie sie in die blaue Schachtel gekommen sind. Die rote Doppelseite muss gut aufliegen und darf nie verrutschen. Das erfordert saubere Arbeit und etwas Übung. Ein heikler Moment ist, wenn du die volle Schachtel abnimmst und die rote Doppelseite auf der unteren Schachtel liegen bleiben muss. Das kannst du dir erleichtern, indem du die blaue Oberseite der leeren Schachtel vor Beginn der Vorführung an allen vier Ecken mit sehr wenig Klebstoff behandelst, so dass die rote Doppelseite beim Abheben sicher liegen bleibt.

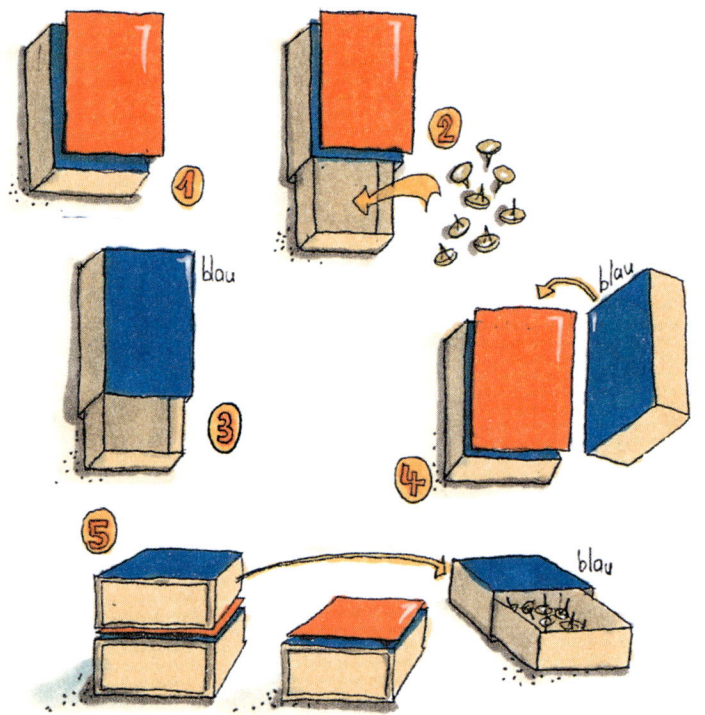

Freddys Super-Magic-Waschmaschine

Freddy hat sich heute seine Lieblingsspeise, einen Teller Nesquick Knusper-Frühstück zurechtgemacht. Beim Hinsetzen passiert es. Er stößt so heftig mit dem Knie gegen das Tischbein, dass alles wackelt. Ein mächtiger Schwall Milch schwappt auf die Serviette. »Ein bisschen besser aufpassen könntest du schon«, sagt die Tante. »Lass nur«, ruft Freddy und macht ein ausgesprochen schuldbewusstes Gesicht. »Ich mache alles sofort wieder ganz sauber.« Die Tante schüttelt nur den Kopf und meint: »Da bin ich aber gespannt, wie du das anstellen willst.«

Freddy nimmt die Innentüte mit den Cerealien aus der Schachtel heraus. Dann steckt er die verschmutzte Serviette in die leere Schachtel und drückt den Deckel zu. »Schwappschwappschwapp«, macht Freddy, »das ist der Waschgang. Huihuihui, das ist das Schleudern. Muffmuffmuff, das ist das Trocknen.« Jetzt öffnet Freddy die Schachtel und zieht eine blütenweiße Serviette hervor. Tante Rosi ist beeindruckt und will ihm gleich die Serviette mit den Kaffeeflecken vom Vortag zum Waschen geben.

Wie macht er das?

Für dieses Kunststück hat Freddy die leere Nesquick-schachtel zuvor präpariert. Auch du kannst dir eine Super-Magic-Waschmaschine zurechtmachen. Das geht so: Du brauchst eine große Pappschachtel, am besten eine leere Schachtel Nesquick Knusper-Frühstück, die so breit ist, dass ein Joghurtbecher, ohne zu klemmen, darin Platz hat, dazu zwei gleiche Tücher, einen leeren Joghurtbecher und zwei Stückchen Klette (das Material für die Klettverschlüsse bei z. B. Kinderschuhen oder Anoraks).

Tips für Könner

Es gibt eine noch elegantere Methode, bei der du auf die Kletten verzichten kannst: Du heftest einen dünnen Faden an den Joghurtbecher (ca. 15 cm lang). Am Ende des Fadens befestigst du einen kleinen Metallring. Beim Herausholen des sauberen Tuches hältst du den Metallring mit fest, so dass der Becher hinter dem »gewaschenen« Tuch am Faden hängt. Beim Ablegen in den Hut musst du dann nichts mehr auseinander trennen und kannst zum Schluss auch das saubere Tuch vom Publikum untersuchen lassen.

Du brauchst

*1 Waschpulver- oder
Cornflakesschachtel,
2 Tücher,
ca. 30 x 30 cm,
1 Stück Klettverschluss,
ca. 1 x 1 cm,
1 Joghurtbecher*

Die Waschmaschine wird so präpariert:
Die eine Seite der Klette klebst du außen an den oberen Rand des Joghurtbechers und die andere in die Mitte des einen Tuches. Dann klettest du den Becher an das Tuch und steckst beides so in die leere Schachtel, dass die Öffnung des Bechers nach oben frei ist. So vorbereitet kann die Vorstellung beginnen.

**Eine Waschmaschine
zum Selberbauen, die wäscht,
wenn der Zauberer es will.**

Das verschmutzte Tuch knüllst du zusammen und stopfst es in den Joghurtbecher. Dann folgen das lustige »Schwappschapp«, »Huihui« und »Muffmuff«.
Darauf ziehst du das saubere Tuch samt dem festgekletteten Becher aus der Schachtel heraus.
Achte dabei darauf, dass der Becher immer schön hinter dem Tuch verdeckt bleibt! Jetzt legst du das Tuch über den Zauberhut und lässt dabei den Becher darin verschwinden. Dabei löst du unauffällig die Kletten voneinander. Während ein Zuschauer die leere Schachtel untersucht, nimmst du das saubere Tuch vom Hut weg. Bring zum Schluss den Hut in Sicherheit, damit niemand den Becher darin bemerkt.

Wenn zwei das Gleiche tun …

Freddy geht zu seinem Onkel: »Onkel Gustl! Du musst mir helfen. Ich habe etwas gebastelt und werde nun selber nicht schlau daraus.« »Komm her, Bub! Ich bin immer da, wenn du mich brauchst«, sagt der Onkel, der stolz ist, wenn man ihn braucht. Freddy stellt einen Pappkarton auf den Tisch und gibt daraus seinem Onkel eine Schnur mit einer kleinen Kugel am oberen und einer großen Kugel am unteren Ende. Dann schiebt er eine Pappröhre über die kleine Kugel und lässt sie an der Schnur hinunterrutschen, bis sie auf der großen Kugel aufsitzt. »Onkel Gustl«, sagt er, »halte das Ganze an der kleinen Kugel fest und führe sie immer weiter nach oben!« Onkel Gustl tut es, bis er auf den Zehenspitzen steht, dann sogar auf einen Stuhl steigt und die Kugel an die Zimmerdecke drückt: »Ist es so recht? Weiter geht es nicht.« Jetzt holt Freddy die gleiche Vorrichtung aus seinem Pappkarton. Er hält wie der Onkel die kleine Kugel fest und bewegt sie nach oben. Aber Wunder über Wunder! Die große Kugel bleibt unten am Fleck, und die Pappröhre steigt wie von Geisterhand an der Schnur empor. Tante Rosi steht in der Tür und sagt: »Wie schon meine Mutter zu uns gesagt hat: ›Wenn zwei das gleiche tun, ist es noch lange nicht dasselbe.‹«

Wie macht er das?

Für dieses Kunststück hat Freddy einiges basteln müssen. Denn seine Vorrichtung sieht nur von außen so aus wie die, die er dem Onkel überlassen hat. Freddys Vorrichtung hat ein ganz kompliziertes Innenleben. Freddy braucht eine Pappröhre, so wie du sie in jeder Küchenpapierrolle findest. Dazu braucht er zwei Schnüre; die eine ist etwa so lang wie die Pappröhre, und die andere ist doppelt so lang. Jetzt braucht er noch eine große und

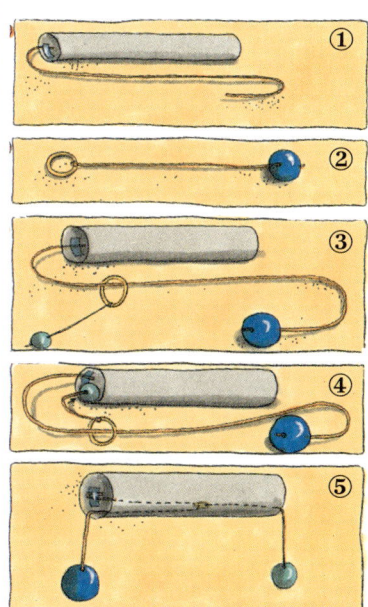

93

eine kleine Holzkugel mit Loch und schließlich noch einen kleinen Ring. Ist alles vorbereitet, kann Freddy mit dem Basteln beginnen. Er klebt ein Ende der langen Schnur innen an einem Ende der Röhre fest (Abb. 1). Achtung, die Klebestelle muss so weit im Rohr sein, dass man sie nicht am Rand entdecken kann! An ein Ende der kurzen Schnur knüpft er die kleine Holzkugel. An das andere Ende knüpft er den Ring (Abb. 2). Nun fädelt er die lange Schnur durch den Ring und knüpft die große Holzkugel ans Ende der Schnur (Abb. 3). Er fasst die kurze Schnur an der kleinen Kugel und schiebt sie durch die Röhre hindurch (Abb. 4). Am Ende sieht es so aus, als hingen an beiden Seiten der Röhre die mit Kugeln verknüpften Enden einer Schnur heraus (Abb. 5).

Die Vorführung

Zuerst zieht Freddy kurz an der rechten und an der linken Schnur, damit die Zuschauer sehen, dass es eine »normale« Schnur ist. Dann zieht er die Schnur mit der kleinen Kugel so weit aus der Röhre, bis die große Kugel an die Röhre anstößt. Dann fasst er mit einer Hand das Ende der Röhre samt der großen Kugel und nimmt mit der anderen Hand die kleine Kugel – und wie von Geisterhand bewegt, steigt die Röhre an der Schnur nach oben.

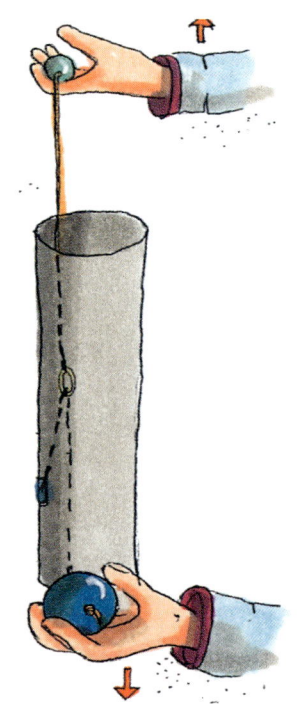

Über den Autor

Fred Bossie, der jahrelang als erfolgreicher Zauberkünstler auf der Bühne stand und in Kindergärten und Schulen ein gern gesehener Gast ist, lbetreibt die bekannte Ulmer Zauberschule, in der kleine und große Magier die Zauberkunst erlernen. In Seminaren, die er u.a. auch für Führungskräfte anbietet, vermittelt er mit der Kunst des Zauberns die Fähigkeit, sicher und selbstbewusst aufzutreten.

Sein Freund und Koautor *Ulrich Haug*, Leiter einer Förderschule, konnte mit seiner Erfahrung im Umgang mit Kindern und mit seinem Wissen um kindgemäße Methodik zum Gelingen des Buches beitragen.

Bildnachweis

Claudia Rehm, München: U2, U4; The Image Bank, München: Titelbild (Giuseppe Molte)

Hinweis

Das vorliegende Buch ist sorgfältig erarbeitet worden. Dennoch erfolgen alle Angaben ohne Gewähr. Weder Autor noch Verlag können für eventuelle Nachteile oder Schäden, die aus den im Buch gemachten Hinweisen resultieren, eine Haftung übernehmen.

Impressum

© 1997 Südwest Verlag GmbH & Co. KG, München

Alle Rechte vorbehalten. Nachdruck – auch auszugsweise – nur mit Genehmigung des Verlages.

Redaktion: Michaela Breit

Projektleitung: Ernst Dahlke

Illustrationen: Gisela Dürr

Umschlag: Till Eiden

DTP/Satz: Reiner Löb

Produktion: Manfred Metzger

Printed in Germany

Gedruckt auf chlor- und säurearmem Papier

ISBN 3-517-01964-X

Für »faule« Zauberer ist ein Materialset mit den Requisiten in Vorbereitung, die du sonst selbst basteln müsstest. Zu beziehen über:

Ulmer Zauberladen, Frauenstraße 8, Telefon 0731/9217755 • Fax 07307/976374.

Wir liefern Ihnen: • Zaubertricks • Zaubergeräte • Illusionen • Scherzartikel • Partygags • Jonglierbedarf

Wir gestalten und arrangieren Ihre Events.

Ulmer Zauberschule im Maritim Hotel Ulm: Bei uns lernen Sie zaubern und alles was dazu gehört.

• Schauspiel • Rhetorik • Bühnentechnik • Pantomime • Körpersprache • Zaubergerätebau-Workshop

Register

Birnbaum 50f.
Bruchrechnung 70f.
Büroklammern 18
Denken, abstraktes 47
Eimerturm 10f.
Einhandknoten 53
Fähigkeiten,
    hellseherische 26, 31
Farbenblind 84
Farbpapierbogen 84
Feinmotorik gefragt 46f., 54
Fingerfertigkeit gefragt 29, 36ff.
Flasche, verrückte 35
Frühstücksei,
    geheimnisvolles 12
Gedächtniswunder 24f.
Gedanken lesen 22f.
Geschichten erzählen 19, 21, 45
Geschicklichkeit 37
Gläser und Markstücke 14f.
Herzdame, gezinkte 69
Hexereien mit Zahlen 70f.
Hosentaschenlotterie 26f.
Houdini, Harry,
    Entfesselungskünstler 69
Jungfrau, zersägte 82f.
Kaffeerunde 16f.
Kartenkunststücke 65
Kartenspiele 58ff.
Kartentricks 60ff.
Kartenwanderung,
    geheimnisvolle 64
Kinderüberraschungseier 42
Knoten 52, 56
Konfetti 13, 42
Konzentration 37
Köpfchen gefragt! 18f.
Kordeln 56

Kreativität 9
Kugeln 42f., 93f.
Kunststücke planen 9
Lieblingszahl 74
Luftballon mit Platzgarantie 78
Magische Sieben 63
Markstücke 14f., 34, 38f.
Menge, gerade 75
Mensch, ärgere dich nicht 28f.
Pappröhre 93f.
Pausenfüller 12, 53
Pingpongmirakel 79
Psychotest 33f.
Quartettspiel 66
Rechenaufgabe 32
Ring am Besenstiel 13
Ringlein auf der Schnur 44f.
Salz 56f.
Schuhbänder 56f.
Seiltricks 53ff.
Skatspiel 61ff.
Spiegel, Üben vor dem 87
Spielkarten 58ff., 76f.
Spionin, schöne 67ff.
Streiche, freche 20ff.
Super-Magic-Waschmaschine 91f.
Supercowboy 54f.
Superhirn, Freddy, das 62
Täuschung des
    Zuschauers 64, 83
Theaterspielen 18, 56
Tierkarten 65f.
Tips für Könner 10, 12ff., 16,
    18, 22, 24, 26, 28, 31, 33, 35,
    38, 40, 42, 44, 48, 53, 56,
    61, 65, 68, 72, 79, 82, 84, 86,
    88, 91, 93
Tischtennisball 79
Tischzauberei 65
Tombola, todsichere 86f.
Trickgeheimnisse 7

Unterhaltungsschau 18
Versuchsanordnungen 47
Wahl, »gezwungene« 34
Wäscheleine 48f.
Wasser, verschwundenes 80f.
Wenn zwei das Gleiche tun ... 93f.
Würfelspiel 28f.
Zahlenkarten 72
Zahlenspiele 71
Zahlenzaubereien 73
Zahnstocher, Streit um die 40f.
Zauberbuch 6f., 9
Zaubereien mit
    Kordel und Strick 46f.
Zauberer als Schauspieler 81
Zauberkasten 28
Zaubermaterial 10ff., 16f., 25,
    27, 29, 32, 34f., 39, 41, 43,
    45, 49, 51, 55, 57, 60ff., 69,
    72ff., 78f., 81, 83, 85, 87, 89,
    92, 94
Zaubern
    – für Bastler 76ff.
    – mit Münzen 34
    – mit Partner 22f.
    – mit Spielkarten 58ff.
Zauberparade 28
Zauberregeln 7
Zaubersalz 51
Zauberschachtel 16f., 67ff.
Zauberschule 5
Zauberseile 56
Zauberstab 13, 35, 64
Zaubertisch 12
Zaubertricks, leichte 10ff.
Zaubertuch 14, 39, 41
Zeitungstrick 24f.
Zooleben 65f.
Zündholzschachteln,
    unmögliche 88ff.
Zylinderhut, wundersamer 42

56	48	24	16	52	36	20	4	49	33	17	1
57	49	25	17	53	37	21	5	51	35	19	3
58	50	26	18	54	38	22	6	53	37	21	5
59	51	27	19	55	39	23	7	55	39	23	7
60	52	28	20	60	44	28	12	57	41	25	9
61	53	29	21	61	45	29	13	59	43	27	11
62	54	30	22	62	46	30	14	61	45	29	13
63	55	31	23	63	47	31	15	63	47	31	15
56	48	40	32	56	40	24	8	50	34	18	2
57	49	41	33	57	41	25	9	51	35	19	3
58	50	42	34	58	42	26	10	54	38	22	6
59	51	43	35	59	43	27	11	55	39	23	7
60	52	44	36	60	44	28	12	58	42	26	10
61	53	45	37	61	45	29	13	59	43	27	11
62	54	46	38	62	46	30	14	62	46	30	14
63	55	47	39	63	47	31	15	63	47	31	15